NARRATORI MODERNI

Della stessa autrice in edizione Garzanti:
La tua seconda vita comincia quando capisci di averne una sola
La felicità arriva quando scegli di cambiare vita
Oggi è il giorno giusto per dare una svolta alla tua vita
Ogni momento è prezioso

RAPHAËLLE GIORDANO

LA VITA INIZIA QUANDO SMETTI DI LAVORARE

Traduzione di
SARA ARENA

Garzanti

Prima edizione: febbraio 2024

Per essere informato sulle novità del Gruppo editoriale Mauri Spagnol visita:
www.illibraio.it

Traduzione dal francese di
Sara Arena

Titolo originale dell'opera:
Le spleen du pop-corn qui voulait exploser de joie

ISBN 978-88-11-00833-0

Printed in Italy

www.garzanti.it

LA VITA INIZIA QUANDO SMETTI DI LAVORARE

«La gioia è il passaggio dell'uomo da una minore a una maggiore perfezione.»

BARUCH SPINOZA

«Il piacere si raccoglie, la gioia si coglie e la felicità si coltiva.»

BUDDHA

«La gioia è in tutto ciò che ci circonda, basta saperla tirare fuori.»

CONFUCIO

Per fortuna!

Per fortuna che non si dice subito ai bambini cosa li aspetta. È impensabile che un padre o una madre di famiglia, tra una fetta di pane e Nutella e una partita a domino, butti lì con disinvoltura alla sua prole: «Godetevela! Godetevela adesso! Perché, vedrete, quando sarete grandi sarete costantemente sotto pressione...». È la profezia baudelairiana secondo cui il cielo, come un coperchio, pesa grave e basso su tante esistenze...

Pressione per essere all'altezza.

Pressione per il giudizio degli altri.

Pressione all'idea di non farcela.

Molti non si accorgono nemmeno che sta succedendo e, quando se ne rendono conto, la verità è inconfutabile: ormai non vivono più, si limitano a «gestire» la loro vita.

L'omino del sonno è proprio cambiato. Un tempo, scesa la sera, lanciava gentilmente negli occhi dei bambini granelli di sabbia magica per farli addormentare. Oggi suona alla porta ogni mattina e lascia loro dei grossi zaini pieni di seccature di cinque, dieci, quindici chili, finché non hanno la schiena curva. E per quanto si affannino a spiegare che non hanno chiesto di partecipare a nessuna prova di sopravvivenza, all'omino dello stress non interessa: è già andato via per suonare ai loro vicini. Sognavano di essere dei Piccoli principi, invece si ritrovano molto più spesso inchiodati a terra che non con la testa fra le stelle.

La società si è impantanata nel suo stesso sistema? Continua a creare dei bottoni a pressione, senza capire quanto sia assurda la pseudoequazione vincente «pressione = performance». Gerarchie, concorrenza, obbligo di ottenere risultati... Tutto fa brodo pur di mettere pressione. Basta digitare la parola «stress» in Google per accorgersene. Immediatamente compaiono oltre quattro milioni di risultati. Lo stress è un tema divenuto centrale, onnipresente, inevitabile... stressante! Per ironia della sorte, l'esubero di tecniche antistress finisce per aggiungere stress allo stress! Venti tecniche, dieci trucchetti, tre teorie... per «controllare meglio lo stress» promettono a grandi lettere i titoloni dei link sponsorizzati.

Farsi mettere sotto pressione per tenere a bada lo stress: questo è il colmo!

«Hai eseguito per bene la Trikonasana? Sei saltato giù dal letto appena è suonata la tua sveglia con simulazione dell'alba?»

Vita sotto pressione. E dalla pressione alla de-pressione il passo è breve. Ma fare quel passo significa rischiare la propria vita. La scelta che si impone a ciascuno di noi è tra subire e prendere in mano la situazione. Una scelta più difficile di quanto possa sembrare quando si è stati cresciuti a biberon di cortisolo. Ecco perché, per «gestire» la pressione, c'è chi resta sul classico. Bere per tenere a bada lo stress è socialmente accettabile. Ma attenzione alla china scivolosa dell'abuso di alcolici camuffato da epicureismo... Ci sono poi quelli che «fumano» la loro ansia o, ultimamente, ciucciano per tutto il giorno la sigaretta elettronica nel tentativo di dimenticare la compulsione e mettere a tacere i sensi di colpa. Così si nega il vero problema, che non è il fumo o l'alcol, bensì il nostro stile di vita che manda in tilt il sistema nervoso!

Altri preferiscono approcci più onirici. Ci sono gli appassionati di chakra, molti dei quali non ammetteranno mai che stanno ancora cercando la chiave per aprirli. Sono spesso gli stessi ferventi adepti delle contorsioni sul tappetino, che tentano di tirarsi l'alluce fino al naso per combattere lo stress, a volte a costo di lasciarci la schiena. A ognuno la sua tecnica.

Nelle imprese, si impara a individuare delle categorie per classificare i compiti: «importante e urgente», «non importante ma urgente», «importante ma non urgente», «né importante né urgente». In occasione dei compleanni a volte si regalano acchiappasogni per scongiurare l'insonnia. Il venditore conosce a memoria il discorsetto che deve fare: quel piccolo oggetto, proveniente dalla tribù nativo americana degli Ojibwa, avrebbe il potere di infondere calma nelle notti turbate da pensieri negativi. Se lo dice lui! Schiacciato dalle responsabilità a cui deve far fronte, l'adulto cerca di farsi perdonare dal suo bambino interiore che trascura. Gli compra dei «giochini» antistress: joystick, cubi, spinner da scrivania, pendoli, pluriball da far scoppiare e altri gadget in voga. Ma per il bambino che è dentro di lui il danno è fatto: il cuore non è più incline a lasciarsi andare all'esplosione spontanea della gioia di vivere, fonte di rigenerazione e di effervescenza creativa. La gioia è la sangria della felicità.

Lo stress, male insidioso, si è infiltrato ovunque, e le anime spesso sono colte alla sprovvista. A peggiorare le cose, chi è eccessivamente stressato non viene visto di buon occhio. Se non si vuole essere additati come qualcuno a cui è «sfuggito il controllo», non bisogna dare l'impressione di essere troppo sotto pressione. «Nascondete le vostre unghie rosicchiate! Abbiate la decenza di trattenervi!» Ecco la reazione più sbagliata per far fronte allo stress: l'inibizione. Tutto ciò che non si esprime si imprime, e finiamo con il somatizzare. Come il topo di Laborit, che si ammala per lo stress...

Ma come potrebbero gli umani di oggi restare calmi e sereni quando sono costantemente scrutati, valutati, giudicati? E nella loro esistenza il gioco della valutazione è cominciato così presto! Già dai primi Post-it incollati a scuola sui quaderni, i loro genitori si sono preoccupati di capire come se la cavassero rispetto ai coetanei.

Essere o non essere all'altezza: questo è l'inevitabile dilemma in un'epoca in cui non ci sono più filosofi come Spinoza.

«L'uomo è nato libero e dappertutto è in catene», scriveva Jean-Jacques Rousseau già nel lontano XVIII *secolo. Oggi abbiamo altri ferri che ci imprigionano, meno visibili ma più nocivi. La pressione che mettiamo a noi stessi è diventata la nuova forma di alienazione. È il diktat dell'immagine: il modo in cui appariamo è più importante di quello che siamo.*

Attenzione, siamo osservati!

Veniamo giudicati in funzione di quanto guadagniamo, della nostra automobile, delle vacanze che facciamo. L'immagine è diventata un bene rifugio, proprio come l'oro. Carl Jung parlerebbe di persona*: ciò che ci definisce nel mondo esterno, una maschera socialmente valorizzante. Questa parola latina designava un tempo* *la maschera degli attori di teatro. Ognuno si impegna a rivestire il proprio essere di un bello strato di vernice sociale, il più lucente possibile, così coprente, nella sua superficialità, che diventa difficile percepire l'essenza profonda della* persona. *Il verbo latino* personare *significa «risuonare», «emettere un suono». Quando una persona ci tocca, è il suono della sua essenza profonda che fa eco dentro di noi. In realtà, una persona è come una cassa di risonanza che può suonare piena o vuota; dipende dal modo in cui abita il proprio corpo e il proprio essere. E talora succede di non sapere più bene chi si è, di averlo dimenticato. Tagliati fuori dalla nostra essenza profonda, dai nostri desideri e dalle nostre emozioni, senza rendercene conto abbiamo staccato la spina della gioia. E un bel mattino, a sorpresa, ecco che ci riagguanta questo malessere esistenziale, lo* spleen.

È forse una fatalità? Benjamin non ci crede nemmeno per un istante. È convinto che ognuno possa trovare la strada che porta alla gioia: la gioia di essere sé stessi, la gioia di sentirsi pienamente vivi... È immerso in queste riflessioni mentre Joy sta davanti a lui in un momento cruciale. In una frazione di secondo, rivede come se fosse un film tutto ciò che lei ha passato da quando si sono incontrati e viene sopraffatto dall'emozione. Quanta strada ha fatto! Non ha mai conosciuto nessuno come lei. Quella di Joy, si dice, è la storia di un piccolo popcorn che aveva dimenticato come scoppiare di gioia.

Joy, cara Joy, una bella persona che non finisce mai di stupirlo...

1.

Nessuno deve sapere. Riguarda solo me. Dopotutto, un sacco di persone hanno tante piccole manie e non ne fanno una tragedia.

A volte mi chiedo: "Sono qualcuno?". Qualcuno sì. Ma qualcuno di ordinario. Una persona come tante. Questo pensiero mi è insopportabile. Eppure bisogna arrendersi all'evidenza: non ho qualità di spicco. Non sono particolarmente carina. Non che io sia brutta, ma neppure davvero bella. Che sensazione terribile quella di essere sempre in tono minore. Mi rifiuto di accettarlo! Io voglio partecipare alla gara. E così, da trentaquattro anni a questa parte, corro. Corro per compensare le mie mancanze. Corro per confondere le acque, per dare l'illusione di essere meglio di quanto *gli altri* possano credere...

Qualcuno bussa alla porta. Mi immobilizzo.

«Joy? Spicciati, sta per cominciare la riunione. Virginia e Ugo sono tesi come corde di violino. David Douillet dovrebbe arrivare tra cinque minuti. Joy? Lo so che sei lì! Cosa stai combinando?»

Mi rannicchio. Sono seduta sul coperchio del water, nel mio rifugio abituale, pronta a dedicarmi al mio rituale calmante. Questo riguarda solo me. Nessuno deve saperlo. È l'unica cosa che mi fa stare meglio quando mi sento sopraffatta dagli eventi, quando mi sembra di non riuscire più a gestire niente.

«Joy? Tutto a posto? Dillo, se stai male!»

So di dover rispondere. Mentire è meglio. Ammettere di stare male è preferibile che essere borderline.

Con una vocina fioca e un po' rotta, per essere più credibile, dico: «Sì, in effetti non mi sento molto bene... Mi dispiace. Puoi riferire che sto arrivando, per favore? Cinque minuti!».

C. emette uno schiocco di contrarietà con la lingua. Nella mia testa C. non esiste. La chiamo VIPera. VIP', abbreviato. *Very Immoral Person.* Una vipera VIP è una vipera di alto bordo, di classe, di lusso, comunque pur sempre una vipera. In agenzia siamo in sette, me compresa. Sette persone non sono molte. E pensare che nell'immaginario collettivo il numero sette è normalmente associato a cose positive: i sette samurai, i sette nani, le sette meraviglie del mondo! Non si è mai sentito parlare dei sette immondi, o dei sette afflitti. Suona meno bene, vero? A volte, quando rifletto sull'agenzia, mi dico: "Ma come? Perché? Un posto così piccolo con una simile concentrazione di persone dal pessimo carattere...". E, colmo dell'ironia, ci lavoro da sette anni. La stranezza è che, nonostante tutto, sono riuscita a mettere radici, a sopravvivere e perfino a crescere professionalmente. Come quei semi deposti dal vento su un suolo ostile, che crescono a dispetto di tutto e di tutti, in mezzo alle pietre, in un terreno arido, bagnati da rare, sporadiche ma provvidenziali gocce di pioggia... Eppure l'Ottava Sfera in apparenza non ha nulla a che vedere con una terra desolata. Al contrario, sulla carta incarna l'idea di élite, lusso e prestigio.

Siamo ritenuti la crème della crème, l'avanguardia, e ci siamo fatti un nome nel *celebrity marketing.* Un settore emergente, molto in voga, ancora poco conosciuto, che alla maggior parte della gente non dice granché. L'eleganza risiede in una forma d'astrazione: vago è chic! Più ci si vuole collocare ad *alto livello,* più si adora usare termini inglesi, per esempio. *Paris, London, New York City. Community management. Brand contents. Motion design.* Qualunque persona normale annaspa in questo gergo. Ma quella del Lusso è una banda di iniziati.

La nostra agenzia fa questo: mette in contatto grandi marchi con VIP che possano aumentarne il prestigio. Da qui il nome l'Ottava Sfera, scelto da Virginia e Ugo, cofondatori dell'agenzia e marito e moglie nella vita privata. Secondo una leggenda che circola in ufficio, mentre cercavano qualcosa che esprimesse al meglio il concetto di eccellenza, erano incappati nella nozione di firmamento o volta celeste. Capitava che raccontassero a qualche privilegiato quel brainstorming memorabile. «Volevamo un'immagine forte che simboleggiasse il lusso, il prestigio... Presto l'associazione con le stelle, con la cosmogonia, si è fatta strada. L'ultima sfera, nell'antichità, era l'ottava. All'epoca, per gli astrologi, la Terra non girava: era immobile al centro dell'universo, circondata da sette sfere celesti contraddistinte ciascuna dal proprio pianeta: Luna, Mercurio, Venere, Sole, Marte, Giove e Saturno. L'ottava sfera era quella delle stelle fisse, agganciate a una specie di tela che chiudeva l'universo.»

Nel caso della mia agenzia credo si possa parlare non tanto di stelle, quanto piuttosto di una nebulosa piena di polvere di ego. E, se fossimo una costellazione, probabilmente saremmo quella dell'Idra, il serpente o drago mitologico con tante teste. Perché ci resto, se è così brutto? Non lo so. Me lo chiedo spesso anch'io, senza mai riuscire a darmi una risposta. Ma mi sono presa il tempo per rifletterci su davvero? Credo che sia perché ci ho fatto l'abitudine. Ho uno zio il cui motto è: «Vedrai, Joy, alla fine ci si abitua a tutto». Probabilmente ha ragione.

Per prendere le distanze dai collegi dell'Ottava Sfera, nella mia testa non ne chiamo nessuno con il suo nome; uso solo le iniziali oppure un soprannome. Virginia e Ugo, i capi, non fanno eccezione. Per me loro sono i Badass, fusione di *bad*, «cattivo», e *ass*, diminutivo di «associati», oltre che una parola volgare in inglese. V. & U. sono Badass fatti e finiti, con i loro caratteri duri, spietati; gente che sa quello che vuole e come ottenerlo, anche a costo di usare le maniere forti!

«Spicciati, Joy. Oggi non è proprio giornata.»

Sento chiudersi la porta del bagno. VIP' ha lasciato la stanza. Tiro un sospiro di sollievo: potrò dedicarmi alla mia pratica di rilassamento. Mi tremano un po' le mani. Inspiro profondamente per tentare di calmarmi: sono ormai due anni che metto in atto questa compulsione. In sé, la trovo piuttosto innocua. Non mi sento per niente in colpa. Non me ne preoccupo. Un sacco di persone hanno manie ben più nocive. Il mio è solo un brutto tic. Una piccola ossessione.

Un'ossessione digitale...

2.

Un'ora prima

Arrivo in agenzia alle 8.24. Lo so con certezza perché ho uno smartwatch che mi dice l'ora con assoluta precisione, oltre ad avere un sacco di altre funzioni: notifiche per le chiamate perse, agenda con avvisi per gli eventi programmati, meteo e principali notizie di attualità... Così sono sicura di non perdermi mai nessun messaggio, nessuna novità e nessun appuntamento. Per venire in ufficio prendo la metropolitana: dodici fermate, con un cambio alla settima. Scendo sempre a due fermate dalla mia destinazione e faccio un tratto a piedi. Ho bisogno di quei momenti di tranquillità, per respirare e stare da sola con i miei pensieri, prima di buttarmi nel vortice della giornata. E comunque camminare è importante. È la migliore medicina per l'uomo. Non lo dico io, lo diceva Ippocrate già duemila anni fa. L'ho letto anche di recente in un articolo molto serio: camminare regolarmente migliora lo stato di salute generale e allunga la vita. Io poi non mi limito a camminare: conto i passi. O, meglio, è la mia app HappyFit a farlo per me. Mi piace HappyFit, il modo in cui mi incoraggia quando raggiungo i miei obiettivi, con *cotillons* di pixel e gioiosi suoni elettronici. Una tale gratificazione, però, bisogna meritarsela: ottomila passi, o niente! E a questi vanno aggiunti cinque piani di scale. In realtà, non è necessario che si tratti proprio di scale: qualunque percorso in salita va bene. Un sentiero in pendenza nel parco, una stradicciola che si inerpica. All'inizio può sembrare un po' laborioso, ma si tratta solo di farci l'abitudine, e poi, se è il prezzo per mantenersi sani, lo pago volentieri. Cosa c'è di più importante della salute? Soprattutto considerata la vita che faccio... Non posso permettermi la minima défaillance, nemmeno un'assenza. La mia organizzazione sembra un castello fatto con i Kapla, quelle costruzioni in legno per bambini! È bellissimo, ma basta il minimo movimento perché crolli tutto...

Oggi non posso dire di sentirmi in splendida forma. La mia app SleepTight mi ha indicato che avevo dormito sei ore. Ogni giorno, appena mi alzo dal letto, guardo i piccoli grafici che mi raccontano il backstage dei miei cicli mentre non sono cosciente. Ho aggrottato le sopracciglia vedendo sullo schermo un ampio, irritante segmento di sonno leggero tra le quattro e mezzo e le sei del mattino. So bene che il flusso dei pensieri continua ad assalirmi anche durante la notte: di rado riesco a mettere il cervello in modalità OFF, e questo forse spiega quel velo di stanchezza cronica che avverto costantemente e che anche oggi, potrei scommetterci, mi intralcerà nel portare a termine le incombenze quotidiane. Lungo la strada verso l'ufficio ho già ricevuto sette notifiche. Nonostante mi sia assicurata di scegliere una suoneria discreta e melodiosa, non c'è verso: per il mio orecchio sensibile è decisamente spiacevole, come se qualcuno cercasse di infilarmi un cardo nel condotto uditivo. Qualcosa di spinoso e pungente. Mi piacerebbe molto sfuggire a queste persecuzioni sonore, ma non posso: la mia posizione impone una disponibilità assoluta, una reperibilità totale. Non ho scelta. È così. E, quando non si ha scelta, si accetta. Punto e basta.

Eccomi davanti all'elegante palazzo haussmaniano in cui si trova l'agenzia. Non è un quartiere qualunque: rue Chateaubriand, a due passi dall'ambasciata del Pakistan e dalla cancelleria dell'ambasciata cinese, vicino al viale più bello del mondo, gli Champs-Élysées. Tutte le mattine immagino di camminare sulle orme di quel visconte francese nato all'epoca della rivoluzione, divenuto celebre per aver scritto *Memorie d'oltretomba*, il racconto pieno di poesia dolceamara di un uomo impregnato dei ricordi dell'infanzia perduta, trascorsa insieme al padre e alla sorella Lucile, la sua bella silfide, cara confidente a cui affidare senza timore i sogni segreti di un'adolescenza inquieta.

E io? Che cosa resta della mia infanzia? I miei genitori abitano sulla Côte de Beauté, in un punto tra La Palmyre e Meschers, sul litorale sudoccidentale. Sono stata una bambina serena che rideva di gusto, perché allora ero facile alla gioia: una gioia di vivere che lasciavo esplodere a ogni piè sospinto, per un nonnulla, tanto che mio padre si riferiva a me come al suo «piccolo popcorn». Un popcorn è leggero ma non in modo banale. La sua è una leggerezza profonda. Le gioie pure non hanno nulla a che fare con la superficialità. Mi rivedo, così allegra, spensierata, orgogliosa del mio nome, Joy, e di quel soprannome che sembrava destinarmi a un'esistenza felice e piena di colore...

Qual è stato il momento preciso in cui la spina della gioia si è staccata dalla presa?

Non saprei. È successo senza che me ne rendessi conto. Così come non ci si accorge che si sta ingrassando e non ci si vede diventare tristi.

Mi sistemo i capelli prima di entrare nel palazzo. Saluto il portinaio all'ingresso, che risolve discretamente dei Sudoku dietro il bancone. Non mi chiede più il badge: mi conosce bene perché sono sempre la prima ad arrivare e l'ultima ad andare via. Non si sorprende nel vedermi salire le scale invece di entrare nel bell'ascensore vetrato in cui ad annunciare i piani è una cortese voce femminile.

L'Ottava Sfera ha sede in un appartamento di pregio, con il fascino dell'antico. La suddivisione degli spazi riflette lo spirito degli appartamenti borghesi del XIX secolo: da una parte le stanze destinate all'accoglienza, con tutto ciò che serve per stupire il visitatore; dall'altra, separati da una porta, quattro piccoli uffici destinati al personale e una minuscola cucina.

Nell'area «vetrina» si trova per prima la sala d'attesa, degna dell'anticamera di una galleria d'arte. Proprio di fronte c'è la grande sala riunioni, con il lampadario di cristallo e preziosi mobili di legno e cuoio, seguita dall'ufficio dei

Badass, V. & U., dall'arredamento design chic curato fin nei minimi dettagli. Un vero ufficio manageriale, studiato per riflettere i valori, la visione e la filosofia dell'attività. Almeno questo è ciò che si dice a voce alta. In realtà, ha lo scopo di abbagliare il cliente: il suo stile non ha nulla a che fare con la modestia o con la semplicità.

Nell'area «riservata» ci sono tutti gli altri membri dell'equipaggio, che sgobbano come api operaie nelle cellette del loro alveare. Nel ruolo di ape che si crede regina, vi ho già presentato C. (hashtag VIP' che bussava alla porta della toilette), una bruna con i capelli ondulati e gli occhi da gatta, che allunga ancora di più grazie a un interminabile tratto di eyeliner privo di sbavature. Sempre in tiro, ben pettinata, profumata, con le mani impeccabili in ogni stagione, VIP' ha deciso di fermare il tempo il giorno del suo trentacinquesimo compleanno. E da allora guai a chi le fa gli auguri!

VIP' condivide l'ufficio con B., da me soprannominata Taser. Come il dispositivo elettrico, B. emette quotidianamente una scarica di isteria che potrebbe paralizzare per lo stress un reggimento di cetrioli di mare. È una ragazza alta e longilinea dai capelli biondi, dritti e piatti come il suo petto, cosa che le procura un grande dispiacere. Occupa anche lei un posto di rilievo da VIP project manager. L'aggiunta dell'acronimo dà un tocco molto chic alle funzioni, come una pioggia di brillantini. C. & B. se ne riempiono la bocca ogni volta che possono.

C. si occupa di tutti i progetti a monte – ricerca di contatti e rapporti privilegiati con i clienti – mentre B. si fa carico della fase successiva e del lavoro sul campo: prenotazione delle sale, organizzazione delle riprese, degli *shooting*, delle conferenze... C. & B. vanno perfettamente d'accordo da quando Taser ha capito che bisognava lasciare alla vipera la possibilità di darsi importanza e che, lusingandola quanto bastava, tutto sarebbe andato nel migliore dei modi.

G., il direttore finanziario, ha il privilegio di beneficiare di un ufficio di ben nove metri quadrati tutto per sé. È un uomo maturo dall'aspetto fisico standard, tanto che non saprei nemmeno descriverne i lineamenti, sempre vestito secondo le attese, di grigio o blu scuro, con le scarpe lucide, che si occupa di assicurare «il rispetto dell'equilibrio di bilancio» e la «sostenibilità delle azioni intraprese dalla direzione». È garante della qualità, dell'affidabilità e della trasparenza dei conti dell'agenzia, in conformità con le norme vigenti. Vigila, con una serietà professionale che nessuno oserebbe mettere in dubbio, sull'ottimizzazione della gestione della tesoreria. G. è un signore serio e coscienzioso, dalla rispettabilità ineccepibile. Un elemento prezioso. A parte questo, è una persona decisamente negativa. Esperto in scenari catastrofici, è bravissimo a immaginare il peggio che possa capitare: contrattazioni che prendono una brutta piega, celebrità che mollano a metà delle riprese, problemi tecnici che fanno raddoppiare i costi. C'è gente che per lo stress ingrassa: lui, invece, diventa più secco. Forse è anche per via del fumo. G. è un *chain smoker.* In qualsiasi momento della giornata, lo si vede eclissarsi per andare sul balcone a fumarsi la propria ansia cronica. Per tutte queste ragioni l'ho soprannominato Cataretta, un miscuglio fra catastrofe e sigaretta, i suoi due grandi pilastri. Quando passa in corridoio, provo l'impulso di buttarmi sotto la scrivania per schivare le onde di negatività che spande attorno a sé. Ma devo fare in modo che i nostri rapporti restino cordiali: dopotutto è lui che tiene i cordoni della borsa e che approva – o boccia – i budget degli eventi di lusso. È l'uomo che placa i nostri deliri finanziari. Il piacere che prova quando può usare la sua espressione feticcio – «Qui, cari miei, avete pisciato fuori dal vaso» – è palpabile. Un tale implacabile rigore gli vale la stima di V. & U.

Subappaltiamo, invece, gli aspetti giuridici e il *community management.* I Badass ci tengono a conservare una certa snellezza della struttura.

Quanto a me, sono nell'«ufficio girevole», quello che ha sempre un posto vacante: per i precari, i collaboratori esterni o, come succede da qualche mese, per uno stagista.

F. è il tipico fighetto figlio di papà. Nella mia accezione, non tanto un bel ragazzo ricco francese, quanto piuttosto un

FF, un fantasmagorico fannullone. In altre parole, una palla al piede. Non è capace di far niente e non vuole far niente. Anche per le cose più semplici, non si esime dal venire almeno cinque volte a chiedermi spiegazioni. Naturalmente ho provato a parlare con i Badass di questo aspetto problematico, ma la questione è stata liquidata con uno sbrigativo gesto della mano: avevano altro da fare.

«È il tuo lavoro formarlo, mia cara! Arrangiati un po', no?» mi ha risposto non molto tempo fa Virginia con tono duro, soffiando sulle unghie che si era appena dipinta di rosso.

Mia cara. Mi si rizzano i peli sulle braccia quando mi chiama così. Sono intrigata da questa sorta di familiarità che va per la maggiore nelle agenzie di lusso. Non per niente, si parla di *maison* e non di impresa. Ma in effetti, sebbene non si dicano parolacce, quel «no?» alla fine della frase può essere peggio dei classici «cazzo» e «porca puttana». In sostanza, si tratta di una volgarità elegante. Una volgarità che ama esprimersi attraverso forme originali: non tanto nel linguaggio, quanto negli atteggiamenti detestabili.

Sono dunque le 8.24 quando arrivo all'agenzia, visto che i Badass mi hanno convocata prima del solito per «affidarmi una missione speciale». Il breve messaggio che ho ricevuto ieri sera non diceva di più. La mia reazione, leggendolo, è stato esalare un sospiro di sconforto. Un altro incarico! Il problema del mio lavoro all'Ottava Sfera è che i paletti non sono ben definiti. Perfino il nome del mio incarico è vago. Sono «coordinatrice». Coordinatrice di cosa? Precisamente, di tutto e di niente. Sono un trait d'union. Un tampone. Una spugna. Il nastro adesivo che ripara gli strappi. Il giusto accompagnamento per la pausa caffè degli uni e degli altri. Non proprio uno svuota-tasche, ma uno svuota-sacco sì: artisti e clienti, non appena ne hanno l'occasione, mi confidano i loro stati d'animo. Non so perché attiro questo genere di roba, ormai non mi faccio più domande. Insomma, sono l'incarnazione della versatilità. Una «donna orchestra» che riunisce un insieme eterogeneo di strumenti: la discrezione, la diplomazia, la velocità di reazione, l'acutezza psicologica. Quest'ultima dote è particolarmente importante, vista la sensibilità esacerbata delle personalità con cui ho a che fare ogni giorno. Io sono la signora «Buongiorno, va tutto bene?». Devo sempre preoccuparmi che tutti siano contenti, artisti e personaggi eminenti, clienti e membri della squadra. Forse, alla fine, sono una specie di armonizzatrice.

Nonostante le mie qualità organizzative e di facilitatrice, non ho mai superato il complesso per la mancanza di competenze specifiche, circondata come sono da gente brillante. Allora, fin dall'inizio, diventare indispensabile mi è parsa l'unica strategia di sopravvivenza possibile in un universo così impietosamente selettivo.

Prima di entrare nell'ufficio di V. & U., mi liscio la gonna e porto la mano ai capelli per controllare che non ci siano ciocche ribelli. Busso alla porta, anche se è già aperta. I Badass si girano verso di me in sincronia e, mio malgrado, mi ritrovo a deglutire nervosamente. Non so perché, ma quei due continuano a mettermi in soggezione.

«Vieni, vieni! Ti aspettavamo! Vuoi un caffè?»

Virginia, alias Badass 1 (prima le donne), non aspetta una risposta e inserisce una capsula nella macchinetta del caffè, che si mette a rombare. V. è una bella donna, che si diverte a farsi beffe dei suoi quarant'anni. Le guardo le gambe incredibilmente sottili e muscolose e subito rimpiango di aver messo una gonna piuttosto corta, che potrebbe lasciare scoperte ginocchia un po' troppo grosse per i miei gusti, a causa, mi dicono, di una lieve ritenzione idrica.

V. & U. sono sposati «dalla notte dei tempi», come dice spesso lei. Hanno fatto la scelta di non avere figli; non ne hanno né il tempo né la voglia. A V. piace mettersi tailleur attillati che sottolineano il suo fisico da eterna ragazza, ha sempre le unghie laccate di rosso e i tacchi alti. Mi chiedo come faccia a passare giornate intere su quelle pertiche. Credo semplicemente che V. abbia deciso di lasciare il concetto di comodità alle persone banali.

«Dobbiamo parlarti di un progetto. Ci teniamo che sia tu a occupartene.»

La mia agenda è così piena che la notte scorsa ho pensato di informarmi su qualche progetto sperimentale di clonazione umana, anche se, a dire il vero, questo sovraccarico di lavoro di umano non ha più molto. Sento un invisibile velo di sudore che inizia a imperlarmi la fronte, il sudore fantasma dei grandi momenti di panico. Un mulo da soma, ecco cosa sono. E tuttavia non lascio trasparire le mie emozioni. Al contrario, sorrido e rispondo con apparente calma olimpica: «Ah, un nuovo progetto?».

Badass 2, alias Ugo, prende la parola. Ha dieci anni più di Virginia ma porta bene la sua età, almeno quanto i completi eleganti che indossa. Miracolosamente abbronzato dodici mesi all'anno, non esita a far emergere il suo fascino mediterraneo, con le rughette d'espressione attorno agli occhi scuri, i folti capelli neri e le fossette. Anello *chevalier* sul mignolo della mano destra e fede vistosa da ventiquattro carati all'anulare sinistro, U. ha una carica seduttiva che dà alla testa, come certi profumi molto costosi e virili. In lui però è talmente spontanea che finisce per sembrare naturale. Con una tazzina di caffè in mano, viene ad appoggiarsi alla scrivania e mi fissa con il suo sguardo esigente.

«Joy, ormai è da tanto tempo che lavori con noi. Quasi dagli inizi. Sei una colonna portante dell'agenzia, lo sai?» Per poco l'emozione di sentire quei complimenti tanto inattesi quanto rari non mi soffoca. «Quest'anno festeggeremo i dieci anni di attività...»

V. & U. si scambiano uno sguardo complice.

«Vorremmo che fossi tu a organizzare l'evento.»

«Che tipo di evento?»

«Oh, stai tranquilla, un evento solo per noi...»

Perché non mi sento per niente tranquilla?

«Sì, un evento intimo!» rincara Virginia. «Ma è importante che lasci il segno, capisci? Pensavamo a una serata che non si dimentica, qualcosa di davvero speciale...»

Ugo interviene a sua volta. Agita le mani in aria, facendo sfoggio degli ampi gesti pieni di ispirazione che sono il suo cavallo di battaglia. «Esatto, proprio così! Una serata divertente, che colpisca, che rimanga in testa, di tendenza, qualcosa di mai visto. Niente quiz, cacce al tesoro o roba del genere. Capisci?»

Mentre ascolto imperturbabile, dentro di me mi chiedo perché le persone di questo ambiente ripetano in continuazione «capisci?» alla fine di ogni frase, con quel tono così affettato e fastidioso.

«Sì, capisco benissimo», rispondo, senza avere la minima idea di cosa intendano dire i Badass.

Vago è chic. Sempre la stessa storia. Sono abituata ai non-brief assoluti. E so benissimo che è a partire da questo nulla che dovrò sputare sangue per immaginare tutto...

Oso porre la domanda ferale. «E il budget?»

V. prorompe in una risata tonante, come se avessi detto un'assurdità.

«*Mia cara*, per un'occasione simile si organizza senza badare a spese!»

Si rende conto di quanto assomiglia a Cristina Córdula quando fa così? L'abbiamo vista spesso in questi ultimi tempi, durante una grossa campagna pubblicitaria per la trasmissione *Le regine dello shopping*: è una personcina adorabile, ma se la si frequenta è impossibile non farsi contagiare da alcuni tic linguistici che hanno largamente contribuito a renderla famosa.

U. però puntualizza: «Sì, cioè, come al solito, fai delle proposte modulabili, eh? Non sei mica il Re sole, eh?».

Okay, ho capito il concetto generale: tre spiccioli per fare miracoli. I Badass amano questo slogan: «Sempre più per meno».

Sono gasatissimi. Io già mi sto domandando come me la caverò. I Badass, tronfi del successo che costruiscono da dieci anni, sono pronti per ripercorrere la storia di tutta quella strada macinata. Eccoli lì, che iniziano a parlare, parlare... Adorano ascoltarsi. Io mi agito sulla sedia e torturo con ansia discreta l'estremità della mia stola. Di colpo,

Ugo interrompe la sua orazione e, contrariato, emette uno schiocco con la lingua.

«Ma insomma, cos'è questo rumore?»

Mi paralizzo. «Ah, devono essere le mie notifiche...»

Lancio uno sguardo al cellulare e lo metto in modalità silenziosa per far tacere la app Procrastop, che mi invia alert sempre più virulenti per manifestare tutto il suo malcontento. A quanto pare, la situazione inizia a essere critica per svariati dei miei impegni. Lo scopo dell'applicazione è inviare notifiche sonore di aggressività crescente e mettere con le spalle al muro l'utilizzatore in modo da scoraggiare la sua tendenza a procrastinare. Consapevole che più il tempo passa e più sono in ritardo sul programma della giornata, prendo il coraggio a due mani per interromperli e faccio la domanda cruciale.

«Per quando l'avete prevista, questa bella serata?»

«Tra un mese!» rispondono in coro i Badass.

«Un mese e poco più!» precisa V., con una risatina gioiosa. «La data in cui abbiamo fondato l'agenzia è il 15 gennaio. Proprio in continuità con le feste di fine anno. Non è perfetto?»

«Sì, in effetti, è perfetto...»

Tutti presi dalla loro eccitazione, i Badass non notano l'espressione sconcertata del mio viso, che smentisce completamente quanto ho appena detto. Chiunque altro avrebbe percepito il panico, ma i loro recettori dell'empatia devono essere in panne da parecchio tempo. Io sto pensando che le feste di fine anno sono il periodo più faticoso in assoluto e che, in aggiunta, tra Natale e Capodanno, avrò due giorni in meno da dedicare al progetto.

Victoria continua il suo monologo come se io non ci fossi nemmeno. I minuti passano. In dieci anni, V. non si è mai abbassata una volta a pranzare con me da sola. Mai. Scoprire i miei lati un po' più intimi non le interessa minimamente. Tutto ciò che vuole conoscere di me è il mio numero di telefono, in maniera da avermi sottomano per gestire i problemi e le urgenze dell'agenzia! Tento di tornare sul tema della discussione.

«Un mese però è davvero poco. Tanto più che sto già lavorando ai dossier Douillet, Saran, Pokora, Alizée e Chabal, più le campagne con gli influencer e...»

«Lo sappiamo bene, Joy! Ma se te lo chiediamo è perché siamo certi che puoi farcela!»

Eccoli che ricominciano con l'effetto stretch. V. & U. sono gli specialisti mondiali. Tirano, tirano! Tirano la corda. E perché non dovrebbero, in fondo? Se anche un giorno dovesse spezzarsi, ci sarebbe qualcuno pronto a rimpiazzarmi.

U. mi gira attorno. Forse questa è una specie di danza della seduzione. Non mi molla un attimo con lo sguardo. È possibile che si affidi al suo potere ipnotico per convincermi che andrà tutto bene, che non c'è ragione di agitarsi, che un po' più o un po' meno da fare in fondo non cambia nulla.

Si china verso sua moglie ridendo.

«E noi, allora? Vuoi che ti mostriamo come sono le nostre giornate? Eppure, guarda, siamo ancora vivi!»

"Per l'appunto", mi dico silenziosamente. I Badass sono dei *capi bionici.* Il sangue che scorre nelle loro vene non è umano: ci deve essere qualcos'altro lì dentro, un sangue tipo quello dei film di fantascienza, con dei metalli intergalattici, o qualcosa del genere, che decuplicano le forze. Guardando i Badass, la sensazione è che loro non facciano pipì, non mangino, non dormano. In confronto, io mi sento piccola piccola. Cerco di ignorare il peso che inizia a opprimermi il petto.

Sobbalzo quando U. batte le mani per segnalare che il nostro incontro è finito. Il suo viso da seduttore è scomparso, rimpiazzato da quello dell'uomo d'affari autoritario e pieno di impegni. L'uomo che vuole ROI, *return on investment.* Ritorno sull'investimento. Risultati. Cifre.

«Bene, è ora di andare, Douillet dovrebbe arrivare da un momento all'altro. Joy, hai preparato tutto per l'accoglienza? E lo *shooting* alle 14.00 con Alizée? Ti sei ricordata la sua scatola di macaron preferiti? Tutto a posto, Joy? Hai la situazione sotto controllo?»

Annuisco come un automa, con un sorriso innaturale. Ho sviluppato una tecnica infallibile per restare a galla: la strategia dell'«è tutto a posto». Qualunque cosa accada, bisogna rispondere sempre che è tutto a posto. Preferibilmente con energia e convinzione. Non devono sapere nulla della nausea che mi pervade, delle vertigini, della sensazione di affogare. Non devono sapere...

3.

Esco dal bagno radiosa, almeno in apparenza: una magnifica opera di ricomposizione in cui eccello. Incrocio VIP', che mi squadra da capo a piedi.

«Ehi, poco fa stavi male e ora sei tutta sorridente! Cosa ti è successo? Hai incrociato il Principe Azzurro davanti al lavabo?»

Sembra soddisfatta della battuta. La sua cattiveria non ha il dono della discrezione: C. sa che sono single e non perde occasione per ricordarmelo.

«Oh, no, C.! Io sono libera e ci tengo a restarlo! Ma se sei così acida, mi sa che è la tua vita di coppia a non essere un granché...»

«Ti ha morsa una tarantola stamattina?» ribatte lei, con un ghigno da cui si intuisce che la mia aggressività non le dispiace affatto.

Come dirle che in realtà oggi davvero deve avermi morsa qualcosa, visto che mi sento così a terra? Come dirle che un momento prima, chiusa nel bagno elegante con il pavimento di marmo e i rubinetti dorati, seduta sulla tazza come su un canotto di salvataggio, con le mani tremanti ho lasciato di nuovo che il mio tic digitale avesse il sopravvento? Che nel tentativo di calmarmi ho cercato compulsivamente una nuova applicazione in grado di aiutarmi? La mia paura più grande? Che la situazione mi sfugga di mano. Non riuscire più a tenere sotto controllo le cose. Così, da due anni, ho cominciato a scaricare delle app con la funzione di assistenti-orsacchiotto. Per trovare rassicurazione e sentirmi all'altezza. I primi tempi ne aggiungevo solo una ogni tanto, niente di che. Poi, piano piano, mi sono lasciata prendere e ho iniziato ad accumularle. Solo sapere di averle lì, con me, mi placava. O, almeno, mi piaceva pensarlo.

Con quella nuova missione che mi hanno appena appioppato di organizzare un evento indimenticabile per i dieci anni dell'agenzia, la mia nave imbarcava acqua. Cercavo un modo per rimanere a galla realizzando l'impossibile: compattare il tempo, ancora e ancora di più.

Per più di venti minuti, dunque, ho passato in rassegna il meglio del meglio nel panorama delle app 2 in 1. Ho esitato a lungo tra Tedyrun, Yogacook e Sleep'n learn.

Tedyrun mi è sembrata davvero interessante: fare jogging ascoltando le conferenze TED più in voga del momento. Mi piaceva anche il principio di Yogacook. La app spiega diverse posizioni di yoga che si possono realizzare mentre si prepara un pasto; un'idea eccezionale per fare due cose insieme, risparmiando tempo. Due attività rilassanti simultaneamente: la trovavo un'idea grandiosa! Ma anche Sleep'n learn era molto interessante. Si basa sul principio di andare a dormire ascoltando un contenuto pedagogico. La app garantisce che al risveglio quel contenuto è stato assimilato. E io, che volevo riprendere a studiare inglese per implementare le mie competenze professionali, ne sono rimasta conquistata.

Quei lunghi minuti trascorsi a far scorrere le app hanno avuto su di me uno straordinario effetto calmante. Alla fine, incapace di scegliere, le ho scaricate tutt'e tre e sono uscita dallo store virtuale con il sorriso sulle labbra, come si esce da un negozio con tre nuove paia di scarpe: con il portafoglio più leggero, ma il cuore lenito da una dolce euforia. Le mie mani avevano smesso di tremare.

VIP' è sul punto di rispondere a tono quando B. sfreccia nel corridoio. La Taser delle grandi occasioni.

«Non avete sentito? Hanno suonato il campanello! David Douillet è qui e nessuno ha preparato niente! Cosa cavolo state facendo?»

Sotto l'effetto dello stress, la sua voce assume toni acuti e stridenti.

«Calma, calma, B. Ho comprato tonnellate di prodotti da forno. È tutto nel mio ufficio. Ho riempito il frigorifero di succo d'arancia, basta fare un po' di caffè. Me ne occupo io mentre voi lo accogliete nella sala riunioni.»

B. & C. mi guardano con le labbra strette, ma alla fine si risolvono a passare all'azione. Io cerco il mio stagista per delegare almeno il caffè. Trovo FF sul balcone a fumare una sigaretta mentre si gode la vista. Con lui c'è Cataretta. Chiacchierano amabilmente. Non credo ai miei occhi.

«Ah, eccoti qui. Ti cercavo. Douillet è arrivato! Ho bisogno che tu prepari il caffè, se non ti dispiace.»

Indolente fino all'esasperazione, FF non coglie l'ironia e prende le mie parole alla lettera, quel maledetto.

«Be', in effetti, un po' mi dispiace. Sono appena arrivato e volevo prendermi un momento prima di iniziare, *capisci*?»

Provo il subitaneo impulso di fare a pezzettini il mio stagista. Lo sguardo di fuoco che gli rifilo gli fa capire che è il momento di muovere il suo bel fondoschiena, mollando all'istante qualunque altra occupazione.

«Okay, okay, finisco la sigaretta e vado...» mi risponde mollemente.

Quando entro nella sala riunioni, tutti si danno da fare attorno a Douillet, che non sa più dove guardare. La posta in gioco è alta, perché David è in dubbio tra due agenzie tramite cui proporre i suoi interventi da conferenziere VIP. So che V. & U. giocheranno la carta dell'esclusività promettendogli condizioni più vantaggiose. Secondo me, però, non è questa la cosa che a David Douillet interessa di più. I miei sensori mi dicono che con un tipo come lui a fare la differenza sono le qualità umane. L'atmosfera. Le relazioni. Se i Badass puntano troppo sul fattore economico, perderemo la partita: è una questione a cui penso da diversi giorni. Ho previsto tutto. Poso il vassoio di prodotti da forno alla sua portata. Scompaio e torno un momento dopo con una ciotola, che ho riempito di monete di cioccolato avvolte in carta gialla.

«Ammiro molto quello che fa, signor Douillet... Lei è un uomo di buon cuore!»

Lui mi guarda, visibilmente compiaciuto dell'allusione al suo attivismo nell'Operazione monete gialle, e mi rivolge un sorriso caloroso. Il mio approccio sembra piacergli. Mi chiede di spiegargli con parole mie perché dovrebbe scegliere proprio l'Ottava Sfera. Io gioco la carta dell'autenticità e gli illustro le nostre qualità e anche alcuni limiti. Lui scoppia a ridere. Non sono sicura che i Badass siano lusingati dal mio intervento, ma pazienza: mi sembra, nonostante tutto, di aver segnato qualche punto importante... Mi eclisso rapidamente alla fine della riunione. Ho una lunga giornata davanti.

4.

Benjamin ha appena finito di sistemare il suo stand. Come aveva previsto, gli ci sono volute più di due ore. Ha solo qualche minuto prima dell'apertura ufficiale del Salone al pubblico, alle dieci in punto. Ne approfitta per sedersi un momento sullo sgabello di fortuna e si gode la pausa. Non ce ne saranno molte altre nelle prossime ore. Per chi, come lui, lavora nel campo dell'organizzazione di eventi il Salon Heavent è l'appuntamento imperdibile dell'anno. E in effetti Benjamin blinda sempre a priori sull'agenda il 23, 24 e 25 novembre. Quando arriva con il suo furgoncino bianco nell'area degli espositori per parcheggiare, prova ogni volta la stessa eccitazione. Quell'appuntamento al Parc de Versailles è il gran ballo annuale del suo settore, dove tutti i fornitori possono presentare le novità a un pubblico di professionisti dell'impresa a caccia di idee inedite e sensazionali. Il padiglione 4 non ha più segreti per Benjamin: affitta sempre la stessa piazzola, uno stand di nove metri quadrati, sufficiente per la sua esposizione, e già un lusso, tenuto conto delle tariffe esorbitanti. Ma lui non ha dubbi su quell'investimento: ne vale senz'altro la pena. Ogni anno conclude i suoi migliori affari alla fine di quelle giornate porte aperte.

«Ma guarda un po', ciao, Benjamin! È passato un anno! Come va? Stai sempre cercando di incantare i clienti con le tue parole di plastica?»

Benjamin ricambia il saluto con calore, senza offendersi per quella battuta. Nell'ambiente, va di moda prendere bonariamente in giro i propri concorrenti.

«E tu? Non sei ancora riuscito ad asfissiare nessuno con il tuo oxygen bar?»

«Smettila di sognare, quest'anno spacco di brutto, vedrai. Prepara i fazzoletti.»

L'uomo si allontana ridendo e rivolge a Benjamin un gesto della mano, come a dire: "Senza rancore".

Benjamin sospira. La giornata sarà pesante: purtroppo, è solo a bordo. I suoi migliori amici e colleghi, i «piccoli Max», come li chiama lui, non sono potuti venire. Per Benjamin non ci sono confini tra il lavoro e la vita privata; quando qualcuno gli piace, ama averlo nella sua vita, punto e basta. Quel soprannome gli era venuto in mente un giorno in cui, alla fine di una cena al ristorante, aveva sentito la canzone *Il est libre, Max*. Si erano messi tutti a cantare a squarciagola, galvanizzati da un senso di gioia senza precedenti: gioia di stare insieme, di aver trovato una nuova famiglia, di sentirsi sulla stessa lunghezza d'onda.

Da allora, ogni membro della loro cerchia è diventato un Max.

Appollaiato sullo sgabello, Benjamin aggiusta lo striscione su cui si legge il nome della sua impresa: EMOTEXT, ORGANIZZAZIONE DI EVENTI, con il sottotitolo MAGIA DELLE PAROLE, MAGIA DEI MOMENTI.

Benjamin è un autodidatta, ha imparato tutto sul campo. Dopo avere strappato il diploma, conseguito con il minimo dei voti, si era messo in testa di viaggiare. Preferiva il mondo all'università e aveva voluto fidarsi dell'adagio secondo cui «viaggiare forma i giovani». Per sopravvivere aveva fatto un sacco di lavori, alcuni improbabili, che gli lasciavano abbastanza tempo per l'essenziale: nutrirsi della diversità di incontri e culture. A New York aveva avuto successo come «voce off»: l'accento francese e il timbro melodioso erano apprezzati. Il soggiorno in Cina era stato determinante. Aveva trovato il mestiere perfetto per mantenersi: «bianco di servizio». Il suo compito consisteva essenzialmente nell'esporsi ben in vista dei clienti e dei concorrenti in occasione di eventi o mentre si realizzavano video destinati ai social. L'unica caratteristica richiesta era essere bianchi. Lì ci sono aziende disposte a tutto pur di dimostrare una vocazione internazionale, anche se non corrisponde affatto al vero. Era stato in quel periodo che aveva scoperto il lavoro dell'artista Hongtao Zhou, e i suoi celebri Textscape. I testi, stampati in 3D, diventano dei paesaggi! Benjamin aveva trovato quell'idea di una rara poesia. La poesia era la sua grande passione. Aveva le parole nella pelle, erano le sue compagne di gioco. Da quando era molto giovane si divertiva con loro, ne assaporava la ricchezza, le sfumature, le sonorità. Aveva provato a comporre diversi tipi di poesia e, per un certo periodo, dei calligrammi, basati su un approccio grafico: gli piaceva creare testi che formassero un disegno attinente al tema della poesia.

Poi si era dedicato agli haiku in versi liberi, arrangiamento occidentale del celebre componimento giapponese, brevissimo, destinato a celebrare l'evanescenza delle cose e le sensazioni che suscita. Le regole di base sono semplici ma permettono infinite possibilità: si tratta di scrivere un testo di tre versi, il primo di cinque sillabe, il secondo di sette, il terzo di cinque. Diciassette sillabe in tutto: niente di più e niente di mento.

Più di recente si era interessato allo slam, una forma di poesia urbana, che viene declamata ritmicamente davanti a un pubblico. Benjamin adorava quella modalità espressiva, che libera la poesia dall'obbligo della rima. La trovava una piccola rivoluzione, un po' come il giorno in cui le donne avevano lanciato per aria i loro reggiseni. Respirare! L'idea dello slam è «far scontrare le idee». Una sfida eccitante che gli piaceva cogliere ogni volta che poteva! Aveva messo a punto il suo procedimento creativo per allenarsi: annotare su tanti pezzetti di carta centinaia di parole, di ogni registro, che conservava con cura nelle sue «bomboniere di parole», poi estrarne cinque o sei a caso e comporre un testo usandole tutte. Per Benjamin quegli accostamenti imprevedibili tra le parole erano forse la vera chiave della poesia.

Aveva così riempito decine di quaderni con centinaia di testi... Ma non li aveva mostrati a nessuno.

«Salve. Posso chiederle qualche informazione?»

Benjamin ha di fronte a sé una giovane donna infagottata in un cappotto lungo color cammello, che lascia intravedere un abito nero sopra il ginocchio e un paio di stivali. Il primo pensiero di Benjamin, stranamente, è che lei debba avere molto caldo vestita in quel modo. La temperatura all'interno del Salone sale man mano che arriva gente e all'ora di punta, a metà pomeriggio, diventa quasi insopportabile.

«Certo, volentieri. Vuole che le spieghi in cosa consistono le mie Brandscape?»

«Sarebbe perfetto, grazie!»

«Okay, venga pure dietro il bacone.»

La donna lo segue. Benjamin la osserva di sottecchi cercando di mettere a fuoco cosa percepisca di strano in lei: ha il viso di una persona discreta, ovale, con un mento leggermente sfuggente, un piccolo naso dritto e sottile e immensi occhi chiari, sottolineati da sopracciglia marcate e ben disegnate. La fronte, piuttosto spaziosa, è nascosta sotto un'ampia frangia di un bel color miele. Un grosso spillone per capelli nero tiene fermo uno chignon morbido. Il velo di rossetto e di fard sulle guance spicca in contrasto con il pallore della pelle.

Ecco, ha capito cosa lo turba: questa donna non sorride! Per niente. È seria come una statua.

Le mostra il principio dell'animazione Brandscape.

«Ecco, qui c'è una stampante 3D. Nel giorno dell'evento, la sua creazione si forma letteralmente sotto gli occhi degli ospiti e garantisce un effetto di grande impatto!»

La donna continua a non sorridere, e Benjamin avverte un leggero disagio.

Lei si limita a chiedere un po' seccamente: «E come funziona questo aggeggio?».

Benjamin si schiarisce la voce per darsi un contegno e spiega: «Guardi la testina della stampante montata su quel carrello mobile: si sposterà per deporre il filo plastico scaldato impilandolo in strati sovrapposti. Quello che in genere piace molto è l'effetto sorpresa, perché non si sa da subito quale oggetto stia per apparire sotto i nostri occhi».

Lei nel frattempo ha tirato fuori un quadernino dalla tasca del cappotto e scribacchia qualcosa con aria circospetta, mormorando degli indefinibili «mmh». Se sia scettica o affascinata, è impossibile a dirsi.

«Ho visto la parte tecnologica, ma il cuore dell'animazione sono le parole, se ho capito bene... In cosa consiste?»

Benjamin tende la mano per mostrarle il dépliant con le sue diverse proposte. «Per i Brandscape, potremmo lavorare insieme su una "nuvola di parole *corporate*", i vostri valori aziendali, per esempio.»

«E...»

Benjamin, un po' disorientato da quel viso privo di espressione e da quegli occhi che non lasciano trasparire alcuna emozione, continua il discorso, cercando di metterci più entusiasmo. «E avreste la possibilità non solo di giocare sulla dimensione delle parole in rilievo, ma anche di dare loro la forma di un'immagine, di un paesaggio o semplicemente del vostro logo!»

«Mmh...»

Un altro «mmh» e Benjamin è pronto a gettare la spugna! Poi, all'improvviso, il miracolo: un barlume di sorriso!

«Molto interessante. Mi farebbe vedere sul computer come si costruisce l'immagine del Brandscape?»

Quell'impercettibile cambiamento rimette Benjamin di buonumore. Forse non tutto è perduto... Le spiega l'abbiccì della composizione grafica sul software 3D.

«Posso provare?»

Benjamin esita all'idea di lasciarle usare il suo computer, ma altre persone di sono avvicinate allo stand e deve andare ad accoglierle.

«Sì, prego!» dice, a malincuore.

Sequestrato da diversi visitatori avidi di informazioni, si limita a gettare di tanto in tanto uno sguardo alla ragazza. La maschera della cliente sgradevole sembra essere caduta. Calma e concentrata, ora ha lineamenti distesi, che rivelano un'insolita armonia. Un'impercettibile metamorfosi, che però non sfugge a Benjamin. All'improvviso, un sorriso vero le appare sulle labbra. "Caspita, si sta divertendo!" pensa lui.

«Signore! Mi scusi? Può dirmi quali sono le tariffe?»

Distratto da quell'osservazione silenziosa, Benjamin aveva smesso di ascoltare il suo interlocutore.

«Mi scusi, stava dicendo?»

Il cliente aggrotta le sopracciglia e ripete la domanda, lasciando trasparire un leggero fastidio.

Quando Benjamin torna dalla sconosciuta, si china sullo schermo del PC e sgrana gli occhi.

«Conosceva già questo programma?»

Non riesce a nascondere il suo stupore.

Lei ride, e quella risata le cambia letteralmente il viso. «No, sono solo brava a smanettare! E mi piace la grafica...»

«Ho anche altre animazioni piuttosto d'impatto. Vuole che gliele mostri?»

«La ringrazio, ma ho ancora molti stand da visitare!»

«Ah...»

«Prendo il biglietto da visita e il dépliant. Mi interessa la sua proposta.»

Infila il tutto nella *tote bag* con i colori del Salone e prosegue il suo giro. Non si è ancora tolta il cappotto. Avrebbe dovuto proporle di tenerglielo allo stand. Sarebbe stata più comoda a girare per il Salone...

5.

Con il passare delle ore, la mia *tote bag* si è fatta sempre più pesante, piena di decine di dépliant di ogni genere: creazione di cocktail molecolari, aperitivi artistici, cene con delitto, blind test...

E animazioni spettacolari, divertenti, insolite. Nessuna però mi pare altrettanto significativa quanto quella proposta da EMOTEXT. I Badass sono stati chiarissimi: vogliono qualcosa che colpisca davvero, che lasci il segno! I Brandscape 3D sembrano l'idea più forte, e già mi immagino la sorprendente creazione in 3D esposta all'ingresso, come una targa commemorativa, un'onorificenza per la loro agenzia.

Sono ormai sei ore che giro per il Salone. La folla, sempre più densa, si accalca attorno agli stand, in cerca di idee nuove e sensazionali. All'improvviso vado letteralmente a finire contro una grande tela bianca. Un po' stordita, alzo gli occhi e vedo davanti a me un trampoliere candido, impressionate nel suo vaporoso costume immacolato. Sono in quattro ad aggirarsi travestiti in quel modo nel Salone.

«Ehi! Faccia un po' di attenzione. A momenti mi faceva cadere!»

Farfuglio delle scuse. Credo di essere arrivata quasi alla saturazione, non mi sento più le gambe. Obnubilata dall'obiettivo di trovare l'idea del secolo per l'evento, ho dimenticato di fare anche solo una piccola pausa e ora il mio stomaco protesta vivacemente; mi sembra che si sia trasformato in una voragine. Sulla cartina del Salone individuo un punto ristoro, settore B7. Mi faccio largo a gomitate, decisa. Sto crepando di caldo, fra l'altro! Non mi sono fermata a lasciare il cappotto in guardaroba per timore di perdere tempo a fare la coda e per potermene andare alla svelta, se necessario. Ci sono quasi! Di colpo sento un ronzio nelle orecchie e prurito dappertutto. Il cuore si mette a battere fortissimo. Mi rendo vagamente conto che le gambe non mi reggono più bene. Attendo di udire il rumore delle ossa che picchiano contro il pavimento. Ma no. In realtà, il mio corpo viene sorretto al volo da qualcosa di morbido e confortevole che identifico in un paio di braccia. Mi abbandono completamente. Per qualche meraviglioso istante mi pare di essere avvolta da una dolce luce bianca in un universo privo di consistenza, senza rumori né pressioni. Una calma assoluta. Un paradiso di quiete. Poi, a poco a poco, il rumore esterno comincia a riempirmi le orecchie. Sbatto le palpebre per tornare alla realtà: ho perso conoscenza. Che idiota! Distinguo la forma di un viso, prima un po' sfocata, poi con i contorni sempre più nitidi.

«Si sente bene? Come si chiama?»

«Ehm, Joy.»

Ora lo riconosco: è il tizio dello stand EMOTEXT.

«Chi è il presidente degli Stati Uniti?»

«Joe Biden...»

Mi guarda fisso negli occhi, molto serio. Penso, en passant, che quel verde scuro è piuttosto raro.

«Me lo fa un sorriso, per sicurezza?»

Aggrotto le sopracciglia per esprimere la mia contrarietà. «Sta per caso eseguendo un test neurologico?»

«Caso mai non se ne fosse accorta, le segnalo che lei è appena svenuta!»

«Sì, ma di fame e di caldo, tutto qui!» bofonchio, di cattivo umore.

«Allora, questo sorriso?»

Gli faccio una bella smorfia, a mo' di risposta.

Lui scoppia a ridere. «Ah, ecco, ora sono tranquillo!»

Mi rendo conto all'improvviso, con un certo imbarazzo, di essere ancora tra le sue braccia. L'avambraccio destro è coperto di tatuaggi colorati, ben eseguiti. Lui non ha fatto il mio errore e si è tolto la giacca da tempo, nell'aria soffocante del Salone. Lo osservo, stupendomi della strana mescolanza dei suoi tratti: capelli castano chiari leggermente ondulati, che fanno tanto bravo ragazzo, guance un po' scavate e mal rasate che gli induriscono i lineamenti, fronte spaziosa da intellettuale, bocca sorridente da bambino monello, occhi dolci e penetranti al tempo stesso.

Tento di muovermi per alzarmi e scopro indispettita che mi sento ancora molto debole.

«Piano! Piano!»

Mi aiuta a rimettermi in piedi, e mi accorgo che il mio svenimento ha attirato una piccola folla. Mi sento a disagio. Uno dello staff si avvicina per accompagnarmi in infermeria. Per fortuna, il signor EMOTEXT lo ringrazia e gli dice che va tutto bene, che si occuperà lui di me. Rassicura la gente lì intorno e disperde l'assembramento di curiosi. Che sollievo! A braccetto ci incamminiamo fino al suo stand, dove mi fa sedere e mi offre una barretta al cioccolato con una Coca-Cola fresca che senz'altro aveva tenuto da parte per sé.

«Ma così lei rimarrà senza!»

«Ora ne ha più bisogno di me! Su, mangi!»

Impartisce gli ordini con un sorriso molto dolce, perciò eseguo. Lo stomaco si placa e l'apporto di zuccheri mi fa subito bene.

«Il Salone chiuderà tra un quarto d'ora. I visitatori sono pregati di dirigersi verso l'uscita. Grazie per la vostra visita e buona serata!»

Guardo il mio smartwatch e soffoco un grido: sono già le 18.00!

«Devo andare!»

Lui ha un moto di sorpresa davanti a quell'impennata di stress. Va detto che sono scattata su dal cuscino come se avesse dentro una molla. Mi rendo conto che non conosco nemmeno il nome di quest'uomo.

«Mi scusi, ma lei come si chiama?»

«Benjamin!»

«Allora grazie mille, Benjamin. È stato davvero gentilissimo. Non la disturbo oltre... Fra l'altro devo ancora fare un miliardo di cose prima della fine della giornata!»

«Mi aspetti, solo due minuti...»

«Ho davvero fretta!»

Senza prestarmi attenzione, si infila un attimo nel retro dello stand, va all'attaccapanni, prende il cappotto e sistema la stampante 3D per la notte. Quando esce, ha in mano un mazzo di chiavi e me le agita sotto il naso.

«La accompagno a casa.»

Tento di individuare nel suo tono un accenno interrogativo, ma no, è senz'ombra di dubbio un'affermazione perentoria.

«No, no! Non serve, prendo un taxi!»

«Un taxi?»

Dalla sua aria scettica, capisco che non ci ha creduto nemmeno per un istante.

Sospiro.

«Le assicuro che sto benissimo, mi sono ripresa del tutto, avevo solo bisogno di mettere qualcosa nello stomaco. E poi il metrò è perfetto. È veloce, è...»

Mi interrompe. «Non se ne parla. La accompagno. Non è proprio il caso che lei prenda i mezzi pubblici.»

Seguiamo il flusso umano che fluidamente ci conduce fuori dal Salone. Lui mi vede tergiversare un momento prima di salire sul suo furgoncino bianco. Sembra gentile, ed è vero che sono distrutta. In fondo, perché no? Mi sorride con quell'espressione buffa da buon cattivo ragazzo che ha segnato un punto. Accende il motore.

«Dove abita?»

«Io... non rientro a casa. Devo tornare in ufficio!»

Ho esitato a dirglielo, prevedendo la sua reazione.

«Torna in ufficio? A quest'ora? Dopo la giornata che ha avuto?»

Mi stringo nelle spalle, con aria disincantata. «Per me è così ogni giorno.»

«Ah... e le piace?»

«Non mi lamento. Ho un buon posto in un'agenzia rinomata.»

«Che agenzia è?»

«L'Ottava Sfera.»

«Mi dice qualcosa...»
«Ci occupiamo di *celebrity marketing.*»
«Ed è per la sua agenzia che deve preparare un evento?»
«Sì, per i dieci anni di attività.»
«Spero che abbiano previsto di consegnarle una medaglia nell'occasione!»
Stavolta gli lancio un'occhiata scettica. «Non è proprio da loro.»
Nell'abitacolo cala il silenzio. Tiro fuori il cellulare e inizio a digitare in modo piuttosto maleducato. Consulto la cinquantina di notifiche accumulate e sento le prime avvisaglie di una cefalea da tensione. Con gli occhi fissi sullo schermo, penso al ritardo che ho accumulato su tutti i progetti in corso e maledico i Badass per avermi accollato quell'ennesima missione che scombinerà la mia organizzazione per settimane.
«Potrebbe approfittare del tragitto per concedersi una pausa, non trova?»
Consapevole del fatto che non ha tutti i torti, appoggio il telefono sul sedile. Dopo esserci scambiati qualche banalità, finalmente arriviamo a destinazione. Lo ringrazio in modo frettoloso, senza grande slancio, e gli prometto che prenderò in considerazione la sua proposta per il nostro evento, poi quasi fuggo via. Davanti al palazzo, mentre sto per salire in agenzia, mi frugo nelle tasche e non trovo il telefono. Mi giro. Che sollievo! Il furgoncino bianco non è ancora ripartito. Confusa e arrabbiata, torno sui miei passi e apro la portiera. Lui mi tende il cellulare, il cui schermo è illuminato.
Tento di evitare il suo sguardo un po' afflitto, un po' sarcastico.
«Cerchi di riguardarsi, comunque...»
Gli strappo quasi il cellulare dalle mani e riprendo a respirare. Quell'oggetto è tutta la mia vita! Do un'occhiata. È comparsa l'icona di un enorme palloncino che sembra sul punto di esplodere. È il mio calcolatore di carico mentale Busybrain: un'applicazione fantastica, che riesce a supervisionare le incombenze e a segnalarmi quando sono davve-

ro vicina all'allarme rosso del sovraccarico. Non è formidabile il modo in cui la tecnologia si prende cura di noi? Guardo Benjamin. Avrà visto l'icona sullo schermo? Ho l'impressione di sì. Arrossisco, vagamente imbarazzata. Deve considerarmi pazza... Ma, dopotutto, che importa? Farfuglio altri ringraziamenti e chiudo la portiera del furgoncino, che stavolta parte e si allontana. Stringo forte a me il cellulare e sento per lui una sorta di strana riconoscenza... Nell'ascensore mi prendo due secondi per riportare ad arancione il mio livello di carico mentale: basta rimandare due o tre incombenze quotidiane, grazie a un'altra delle mie app, PostponePro.

Sono le 18.45. Spingo le porte dell'agenzia e mi dico che andrà tutto bene.

"Andra tutto bene."

6.

L'agenzia è ancora in pieno fermento. Ho la sgradevole impressione che la mia giornata stia ricominciando da capo. Incrocio VIP', che mi lancia una frecciatina.

«Ti sei presa una pausa oggi?»

Si allontana ridacchiando. Mi stringo nelle spalle, ma procedo nel corridoio come se fosse un terreno minato; potrei incappare in un altro ordigno umano, qui non ne mancano. In effetti, Taser mi zompa addosso ancor prima che io abbia avuto il tempo di togliermi il cappotto.

«Ah, eccoti qui!»

"Sì, sono qui", penso, e sto già rimpiangendo amaramente di essere voluta passare dall'ufficio per cercare di portare avanti i miei progetti.

«No, ma non è possibile andar via così, e in più per ore. Dov'eri finita?» incalza Taser.

«Be', ho fatto un po' di shopping, poi un bell'aperitivo all'aperto...»

Lei resta pietrificata per un momento, incredula, con gli occhi sbarrati. Subito dopo i muscoli del suo viso iniziano a tremare di indignazione. Se non smentisco nel giro di un secondo, le verranno le convulsioni per la rabbia.

«Ma no!» la rassicuro, e mi chino verso di lei per sussurrarle con aria misteriosa: «Ero in missione segreta...».

Questa donna mi fa vedere così tanti sorci verdi ogni giorno, che devo proprio renderle pan per focaccia. Farla indispettire, anche solo un pochino, mi tira su di morale. Vagamente offesa per il fatto che non le sveli il segreto, alza il mento e mi dice che tanto saprà tutto da Virginia. Lei è la sua preferita. Ma che cosa significa di preciso? Virginia si tiene accanto B. come se fosse una domestica piuttosto che una persona con cui interloquire. B. è sempre d'accordo con Virginia. Adulare qualcuno in quel modo diventa nauseante, alla lunga. Eppure la strategia sembra dare i suoi frutti: Virginia, per esempio, porta spesso B. fuori a pranzo con sé. Sono invidiosa? No. O solo un po', forse... Non capisco cosa ci sia di interessante in un rapporto superficiale, ipocrita, in cui non ci si dice davvero quel che si pensa. Se bisogna per forza lisciare il pelo a un collega per ottenere la sua considerazione, allora anche no, grazie.

Taser mi riversa addosso un fiume di questioni che devo assolutamente sistemare per gli eventi dei prossimi giorni: tra i capricci di alcune celebrità e i desiderata irrealistici dei clienti, eccomi con un gomitolo tutto annodato da districare.

Mentre vado a chiudermi in ufficio per mettermi all'opera, con un sussulto di ottimismo per un istante mi auguro di trovarci FF. Sorrido del mio stesso idealismo: ovviamente lo stagista se n'è andato a casa da un pezzo... "Aiutati che il ciel t'aiuta, Joy!" Ho appena iniziato a immergermi nel lavoro quando Cataretta mette dentro la testa.

«Posso disturbarti un minuto, Joy? C'è una cosa che non mi convince nel budget dello spot Casta...»

Mi raddrizzo sulla sedia come un animale in allerta. Presagisco la trappola. "*Run, Forest!*" grido mentalmente. In quel film il protagonista si tirava fuori dalle situazioni più assurde e pericolose mettendosi a correre.

«Joy?» Il suo sguardo si fa insistente.

Basterebbe dire no. Imporsi. Tutto lì. Provo a immaginare la scena. Con un'espressione gioviale e rilassata dovrei dire a Cataretta: "No, G., mi dispiace, non sono disponibile, come vedi".

Poi farei una pausa di silenzio per consentirgli di metabolizzare il rifiuto, come consigliano gli esperti in comunicazione. Senz'altro lui protesterebbe, mi metterebbe pressione, direbbe che la questione è urgente e non può aspettare.

E io, calma e serena, con un sorriso indulgente appena accennato sulle labbra, risponderei: "Capisco bene i tuoi bisogni, G., e so che sei preoccupato e contrariato, ma, ti ripeto, in questo momento non sono disponibile. Ti propongo di parlarne domani mattina, okay?".

Che meravigliosa mossa vincente sarebbe questo binomio «accenno di empatia + disco rotto», questa raffinata tecnica del saper dire di no! Roba da metterlo KO!

«Allora, vieni?» insiste Cataretta, nervoso.

«Sì, arrivo...»

Sono le 21.00.

Tutti se ne sono andati tranne me. L'appartamento che ospita l'Ottava Sfera è immerso nel buio, a parte la mia minuscola scrivania su cui sono impilate montagne di faldoni. È passato molto tempo dallo spuntino offerto da Benjamin di EMOTEXT e la testa ha ripreso a girarmi. Devo assolutamente ordinare qualcosa da mangiare. Prendo il telefono. Chiamo così spesso il ristorante di sushi che ormai riconoscono la mia voce. Non serve che dia l'indirizzo: la strada per venire qui la sanno a memoria. Sullo schermo del cellulare, l'app Busybrain è in pieno allarme: il palloncino del mio carico mentale è sempre più gonfio, rosso e minaccioso. Decido di mettermi in modalità «non disturbare»: cinque minuti di pace, per favore! Assaporo la calma. Il silenzio mi avvolge dolcemente, come un amico che mi appoggia uno scialle confortevole sulle spalle. Chiudo gli occhi e mi lascio trasportare. Un rumore mi riscuote all'improvviso. Il cuore mi sobbalza nel petto.

Qualcuno è appena entrato in agenzia. Non può essere il fattorino con il cibo, non ha mica le chiavi! Esco nel corridoio e avanzo nell'oscurità.

«C'è qualcuno?»

Cammino piano, con i sensi in allerta, cercando di individuare la presenza di un eventuale intruso. Nessuno. Mi dico che devo essermi sbagliata. Sollevata, mi giro per tornare verso il mio ufficio, ma una mano, come emersa dal nulla, mi prende per il braccio e mi trascina senza troppi complimenti all'interno della stanza vuota. Grido.

L'uomo mi stringe tra le braccia fin quasi a soffocarmi, mi bacia con avidità sul collo, mi accarezza dappertutto attraverso i vestiti. Lo respingo, protestando vivacemente. Lui scoppia a ridere.

«Mi hai fatto paura!»

Lui ride divertito.

«Smettila! Ti ho già detto non qui! Qualcuno potrebbe tornare per qualche motivo...»

Lui non si ferma, ma che dire? I suoi baci hanno su di me un effetto tranquillizzante ed euforizzante al tempo stesso. So che non è opportuno... Ancora una volta, dovrei riuscire a dire di no. Ma la mente non risponde più ai comandi e il corpo, con cortesia, mi invia i suoi segnali di debolezza.

«Lo sapevo che saresti tornato stasera! Comincio a conoscerti...»

I nostri corpi si cercano con desiderio. Non ho più così fame, ma il fattorino suona il campanello.

«Devo andare ad aprire. Ho ordinato da mangiare...»

«Io lo so cosa ho voglia di mangiare...»

Lo respingo come posso e vado alla porta. Mentre torno verso il mio ufficio con il sushi tanto atteso penso a questa dolce follia di avere una relazione sul luogo di lavoro. Con un uomo sposato per giunta, giusto per aggiungere un po' di carico al mio fardello. E, quel che è peggio, il mio capo.

Non me la sono cercata. È successo quasi senza che ce ne rendessimo conto. Di base, non sono per nulla il suo tipo. Lo ripete spesso, del resto, come per esprimere a voce alta la sua incredulità: «Eppure non sei proprio il mio tipo, Joy! Mi hai fatto una stregoneria! Sì, deve essere così, un filtro magico!». È probabile che sia il suo modo di autoassolversi, di convincersi che non è del tutto responsabile di quello che sta succedendo. Addossa la colpa a fattori esterni: me, certo, ma anche la crisi di mezz'età, l'orario di lavoro che si allunga, lo stress, la stanchezza della vita di coppia...

Lo ascolto distrattamente mentre mette a tacere i suoi sensi di colpa. A dire il vero, non me ne frega niente. Finché continua a tenermi tra le braccia, mi sta bene tutto. Ho commesso questa follia di innamorarmi di lui due anni fa. Due anni di felicità intermittente. Lui ha il controllo dei miei momenti di gioia e sa utilizzare benissimo l'interruttore: ON O OFF. ON quando mi fa la grazia di concedermi un istante, di sottrarsi ai suoi doveri professionali e coniugali per stare un po' con me. OFF quando riprende le distanze lasciandomi in un limbo che mi fa sprofondare in abissi di desolazione. Dentro di me sono un vulcano. Ribollo di frustrazione, di rabbia, certamente, e di impazienza. Sogno che si smuova qualcosa, che la situazione si sblocchi. Incasso. E incasso ancora. Il piccolo popcorn scoppiettante che ero da bambina si è trasformato in un chicco di mais gettato nell'olio bollente ma incapace di esplodere, anzi, prossimo all'implosione. E più tengo chiuso nel cuore ciò che provo, più lo sento comprimersi. Quando si preparano i popcorn, alla fine della cottura c'è sempre qualche chicco di mais che rimane lì sul fondo, duro e immangiabile. È possibile che sia questo il mio destino? Forse l'amore non vuole avere niente a che fare con me, e la felicità neanche.

Preferisco non pensarci. Non ora. Voglio approfittare del momento, godermelo, visto che *lui* è qui. Seduta alla scrivania, mi appresto a mettere finalmente qualcosa nello stomaco. Ugo mi abbraccia da dietro e infila una mano sotto la camicetta. Protesto con garbo.

«Ho davvero fame, sai!»

Lui indietreggia sorridendo, ma vedo bene che ho deluso le sue aspettative.

«Okay, ti lascio cenare, bellezza!»

Un'angoscia sorda si impadronisce di me; adesso se ne andrà, mi lascerà qui da sola, probabilmente mi trascurerà per giorni. Mi alzo di scatto per andare verso di lui, facendo cadere una baguette. Il mio tono di voce è implorante.

«Mi raggiungi più tardi a casa mia? Un momentino?»

«Mmh...» Guarda l'orologio, inconsapevole del mio supplizio interiore.

«Si è fatto tardi, Joy... sarà difficile... Rimandiamo?»

Tento come posso di camuffare la mia delusione. Lui mi accarezza il sedere e mi dà un focoso bacio di consolazione. Poi mi lancia un ultimo sguardo, caldo e avvolgente, come se avesse frequentato una scuola in arte e tecniche della seduzione. Promette di mandarmi un messaggio in serata.

La serata è passata. E non ho ricevuto nessun messaggio.

7.

Unità di luogo, unità di tempo, unità d'azione. La piccola rappresentazione dell'Ottava Sfera va in scena ogni giorno, sempre uguale.

Stamattina riunione dei vertici, con me nell'eterno ruolo di comparsa. Sono qui per una cosa sola: ascoltare.

Aspettiamo l'arrivo imminente di Badass 2. Il signore gioca a fare la guest star! VIP' e Taser parlano a briglia sciolta dell'ultima serie alla moda, «asssolutamente ecccezzzionale», con molte S molte C e molte Z. Il mio FF è mezzo sdraiato sul tavolo e scarabocchia con la biro delle forme a caso su un foglio A4 preso dalla stampante. Cataretta è sul balcone e aspira la sigaretta avidamente, come se avesse paura di doverla spegnere all'improvviso prima di poterla finire. Badass 1 ignora tutti bellamente e digita qualcosa sul suo Mac ultraportatile. Chiunque qui dentro non scegliesse la Mela come fornitore ufficiale di tecnologia sarebbe ripudiato: nell'universo della comunicazione e del lusso, gli androidiani sono come popoli preistorici che non hanno ancora scoperto il fuoco.

Arriva Ugo. Lui cura sempre molto i suoi ingressi: ha il senso della teatralità. Ho un tuffo al cuore come ogni volta.

«*Hello* a tutti! Come va qui?»

A Ugo piace ficcare l'inglese dappertutto, gli sembra originale. Batte le mani e parla a voce alta, con la certezza di chi sa che avrà all'istante l'attenzione dei presenti. La sua energia si riverbera nella stanza e carica subito l'atmosfera di elettricità. Cataretta è tornato dentro di corsa. Pendiamo tutti dalle labbra del capo. Incrocio il suo sguardo, che scivola su di me senza soffermarsi. Nessun segno, nemmeno impercettibile, che tradisca la nostra intimità. Mi si stringe il cuore, mio malgrado.

Ugo è un capo pragmatico. È qui per chiudere le cose in modo rapido, efficiente, conciso. Come ogni buon manager, all'inizio annuncia quanto durerà la riunione, assegna a qualcuno il compito di tenere sotto controllo l'orario per evitare di sforare, poi annuncia l'obiettivo: dedicarci alla pepita dell'ultraperformance, manna di una nuova generazione di conferenzieri alla moda, specialisti dell'empowerment. Dichiara aperta la stagione di caccia. Quel profilo manca in toto nel nostro catalogo.

Si anima mentre parla e trasuda ambizione da ogni poro.

«Non possiamo assolutamente permetterci di perdere il treno del *shiftyourbrain*!»

Tutti i presenti annuiscono con convinzione. Io mi rannicchio sulla sedia e mi faccio piccola piccola. Le mie lacune e la mia ignoranza mi fanno sudare le mani. Cosa sarà mai questo diamine di *shiftyourbrain*, santissimo cielo! Ho due alternative: a) tacere e sentirmi un'idiota per il resto della riunione; b) avere il coraggio di chiedere e assumermi il rischio di sembrare ridicola. Alla fine mi decido e alzo timidamente la mano.

«Ehm, scusa, Ugo, ti dispiacerebbe ricordarci che cos'è lo *sciffiorbren*?»

Accanto a me, la vipera scoppia in una risata di scherno, seguita da tutti gli altri. Mi rimprovera senza mezzi termini, prendendomi in giro per il mio accento: «Non *sciffiorbren*, Joy! *Shiftyourbrain*!» VIP' fa sfoggio del suo miglior accento americano. «*Shift* vuol dire "cambiare".» Mi incenerisce con lo sguardo. «Cambiare il proprio cervello, no? Ehi, c'è qualcuno in casa?» dice battendosi un dito sulla tempia e sogghignando di gusto.

Mi sento avvampare. Lo sguardo di Ugo, al contempo divertito e dispiaciuto per me, è la ciliegina sulla torta. Metto le mani sotto il tavolo perché nessuno veda che mi tremano.

La riunione va avanti, ma io non sento più niente. O, meglio, colgo frammenti di parole. Discutono di Performance con la P maiuscola e di Armonia con una A gigantesca, poi dell'importanza di individuare le personalità più giuste sotto tutte le sfaccettature. Fioccano i nomi di potenziali candidati: Marc Amerigo, specialista dell'ultraperformance, Franky Zapata, brillante imprenditore, l'«uomo volante» con i suoi famosi FlyboardAir, Michaël Aguilar e il suo grande potere motivazionale, Max Piccinini e la sua opera di riferimento sul successo... Ugo sembra contento della nostra reattività, ma per lui non è ancora abbastanza.

«Trovatemi anche una Beyoncé in versione francese! Abbiamo bisogno di donne! Voglio la parità nel catalogo. È un bene per l'immagine del marchio...»

Quell'osservazione chiude il dibattito; a ogni modo, il tempo stabilito è scaduto.

Con un supergioviale «al lavoro!», Ugo ci congeda. Qui ogni giorno reinventiamo uno stacanovismo new age, gioioso e (quasi) benevolo. Ognuno torna alla sua scrivania.

Io cammino rasente i muri fino all'ufficio. Non ho voglia di parlare con nessuno. Purtroppo il mio stagista viene a sedersi davanti a me. Cerco di concentrarmi sui molti dossier aperti. Prima cosa da fare: stabilire le priorità Apro un documento per creare una scaletta. Compiti. Sotto-compiti. Sotto-sotto-compiti. Nel giro di qualche secondo ci sono così tanti rami secondari che tutto è ancora più confuso. Mi si annebbia il cervello, e anche la vista. E la mia palla al piede guarda per aria, come se niente fosse! Si è messo bello comodo sulla sedia, con le gambe stese in avanti, come per prepararsi a una siesta. Tossicchio per ricordargli la mia presenza.

«Ehm, scusa, F. Cosa aspetti di preciso?»

«In che senso, cosa aspetto?»

«Sì, cosa aspetti? È da venti minuti che sei lì a non far niente.»

«Non so. Non mi sembra che tu mi abbia dato qualcosa da fare!»

Nel suo tono colgo una sfumatura di rimprovero.

Non ne posso più.

«Ma insomma, F., non è evidente? Comincia una ricerca

sui profili di personalità che potrebbero entrare nel catalogo della rubrica *Shiftyourbrain*!»

«Vuoi dire *sciffiorbren*?»

E scoppia a ridere. Non lascerò certo che questo stronzetto riduca la mia autostima a un biscotto sbriciolato! Lui deve accorgersi di aver esagerato, perché cerca maldestramente di recuperare.

«Anch'io sono sempre stato una frana in inglese. Non è facile come lingua... Vuoi che vada a prenderti un caffè?»

«Sì, ecco! Vai a prendermi un caffè!»

Mi viene di nuovo la tachicardia. Corro in bagno, mi ci chiudo dentro, con il cellulare in mano e per dieci minuti faccio scorrere le applicazioni. Ne trovo una mai vista: Top-of-the-list. Un algoritmo rivoluzionario multicriteriale per definire quali compiti svolgere in via prioritaria. La sua originalità: tenere conto di fattori inconsueti come l'energia e la motivazione dell'esecutore in relazione alla mansione specifica. Di ritorno al mio posto, mi sento un po' meglio e dedico un'altra ora a configurare l'applicazione inserendo tutti i miei dati. È già arrivata la pausa pranzo e non ho fatto un solo passo avanti su nessuno dei miei progetti. Lo stress mi stringe la gola. Un caffè ormai freddo mi sta aspettando vicino alla tastiera. F. deve averlo messo lì da un bel pezzo. Non so dove si sia ficcato nel frattempo. Un quarto d'ora dopo lo vedo far capolino, tutto sorridente.

«Virginia mi ha invitato a pranzo con lei. A dopo!»

Sul suo viso non c'è ombra di imbarazzo o di rimorso nel lasciarmi lì da sola con tutto quel lavoro. Perché mai dovrebbe preoccuparsene, del resto? Per lui è solo uno stage. E in più, senza far nulla, è già entrato nelle grazie di Badass 1... È il vantaggio di essere un bel ragazzo.

Nella mia testa piovono gatti e cani. Non si dice forse così, in inglese, quando piove molto? *It's raining cats and dogs.* L'ho imparato ieri prima di addormentarmi grazie alla app Sleep'n learn.

Il mio umore è nero come il cielo in una giornata uggiosa. Mi dico che devo a tutti i costi portarmi avanti con il lavoro. Secondo la app Top-of-the-list il compito meno noioso, tenuto conto dei criteri d'urgenza, energia e motivazione, è l'organizzazione dell'evento per i dieci anni dell'agenzia. A ogni modo, l'importante è iniziare da qualcosa. Vado a prendere la *tote bag* nell'armadio, con tutto il materiale che ho preso al Salon Heavent, e sparpaglio i dépliant sulla scrivania. Il modo migliore di muoversi sarebbe contattare diverse società, raccogliere informazioni e chiedere preventivi. Sento delle voci nel corridoio. C'è effervescenza. Decido di andare a vedere. VIP' e Taser ridono e fanno le smorfiose, ma non riesco a capire con chi. Quando mi sentono arrivare, si spostano e vedo Ugo con una modella che non riconosco subito. A quanto pare, hanno appena firmato un contratto e Ugo le sta facendo fare il giro dell'agenzia. Hanno l'aria *champagne*: nel gergo dell'ambiente vuol dire leggera e gioiosa, molto gioiosa. Io non vedo che una cosa: il braccio di Ugo sulla schiena di una splendida giovane donna. Naturalmente la porterà fuori a pranzo. Gli affari sono affari. Lei mi tende la sua bella mano perfettamente curata con le unghie lunghissime e io asciugo la mia con un gesto discreto prima di stringergliela. Mi sento così piccola accanto a lei. Non ho mai capito perché le modelle alte più di un metro e ottanta si mettano per giunta anche i tacchi. Auguro buon appetito a tutti con un sorriso tirato abbastanza disastroso, prima di infilarmi di nuovo in ufficio, esasperata dalla piattezza della mia reazione. Ci troviamo una di fronte all'altro, da soli, io e il mio colossale ritardo. Sento un pizzicore agli angoli degli occhi. Ripenso a Ugo, al nostro breve abbraccio clandestino di ieri sera, al messaggio promesso che non ha trovato il tempo di inviarmi, alla carezza sulla schiena della giovane modella... Per il nervoso, accartoccio un foglio di carta e lo lancio verso il cestino. La pallottola cade fuori. Non mi alzo per andare a raccoglierla. Tutti quei dépliant che ho sotto gli occhi mi fanno venire la nausea. D'un tratto avverto un soprassalto di ribellione. Ma perché mai dovrei fare tutta quella fatica? Ugo fa forse degli sforzi per me? E le altre persone della squadra ne fanno? Allora? E se, per una volta, mi risparmiassi un po' anch'io?

Mi soffio rumorosamente il naso per finire di espellere la rabbia e compongo il numero di telefono di EMOTEXT, ORGANIZZAZIONE DI EVENTI. MAGIA DELLE PAROLE, MAGIA DEI MOMENTI. Non è forse una *meravigliosa* idea per celebrare i dieci anni dell'agenzia? In ogni caso, è l'idea che fa al caso mio...

8.

Benjamin attraversa il bel cortile ciottolato pieno di fascino, tipico del quartiere, in un *passage* che dà su rue Faubourg Saint-Antoine. È stato subito un colpo di fulmine, quando ha visto quell'atelier al pianoterra, tranquillo e appartato in pieno centro a Parigi quattro anni fa, e ci ha trasferito i suoi uffici. Del cortile gli piace ogni dettaglio: l'albero inclinato con i due tronchi ramificati dalle fronde fogliose, le piante verdi in vaso, i rampicanti lungo la facciata bianca su cui si staglia una bella lampada in metallo scuro. Fa molto freddo in questa mattina di inizio dicembre, e mentre respira dalla sua bocca esce una nuvoletta di vapore bianco. Con una mano si aggiusta il collo del cappotto in feltro di lana mélange. In vetrina l'aveva trovato subito così elegante! Ora si maledice per aver privilegiato l'aspetto estetico rispetto alla funzionalità. Nell'altra mano ha un sacchetto pieno di cibo asiatico. Per giunta, si è dimenticato di mettersi i guanti! Arrivato davanti alla porta dello studio, digita il codice per entrare e poi spinge la porta con un sospiro di sollievo. Finalmente al caldo! Rayane lo accoglie con entusiasmo. Ha una gran fame: va ad aiutare il suo amico e collega prendendogli dalle mani il sacchetto, lo porta in cucina e inizia a preparare per il pranzo.

«Non tornavi più! Hai incontrato il lupo mannaro lungo la strada o solo una ragazza carina?»

«Né l'uno né l'altra, caro mio! È c'era una coda della malora da Bamboo. Oggi sembrava che si fossero messi tutti d'accordo di mangiare frutta esotica!»

«Non ci vedo più dalla fame!»

Rayane è sempre affamato, come un adolescente. È in grado di ingurgitare quantità astronomiche di cibo senza mettere su un grammo: sono le ingiustizie della natura. Benjamin si appollaia su uno sgabello alto e lo guarda preparare il loro pasto. Osservare Rayane mentre fa qualcosa è già uno spettacolo di per sé. Lui è un fenomeno, un artista. Il suo talento principale è la musica: produce suoni con qualsiasi cosa: un coperchio, una pentola, una tazza, carta straccia, una scopa... È come uno degli Stomp. Ma in un certo senso supera quei fantastici percussionisti, perché alle sue performance sonore aggiunge improvvisazioni testuali folgoranti. L'ufficio si trasforma spesso in un laboratorio sperimentale, e questo offre a Benjamin delle fantastiche pause. Rayane sta ancora cercando il suo stile; giorno dopo giorno, affina l'approccio. Ma la cosa più importante è che si diverte moltissimo e diverte tutti quelli che sono con lui.

Al di là dei suoi talenti artistici, è un prezioso compagno di lavoro. Fa parte della cerchia ristretta dei Max: le poche persone che Benjamin ha particolarmente care e che condividono la sua filosofia di vita, o hilarosofia, dal greco *hilaros*, che significa «felice», «gioioso», «divertito». Eh, già, nel gruppetto dei Max, hanno tutti il sorriso facile, sono liberi e contenti, come nella canzone *Il est libre, Max* di Hervé Cristiani.

Dopo l'improvvisazione di Rayane con le bacchette giapponesi, che sfocia in un breve concertino privato, finalmente sono pronti a mettersi a tavola. I piatti fumano davanti a loro. Nel momento in cui Benjamin si porta la forchetta alle labbra, squilla il telefono. Numero sconosciuto. Decide di non rispondere. La pausa pranzo è sacra! Meno di cinque minuti dopo, il telefono riprende a squillare e lo stesso numero appare sullo schermo. Lui borbotta, ma ignora la chiamata. Sul sito ha fatto inserire in bella vista gli orari per contattarlo. La segreteria riapre alle 14.00, non prima. Deciso a non lasciarsi rovinare quel momento rigenerante, mette il cellulare in modalità aereo. Se è per un preventivo, potranno pur aspettare mezz'ora! È questo il problema degli imprenditori autonomi: se non si fa attenzione, ci si può facilmente lasciar sopraffare dalle richieste altrui e finire con non premere mai il tasto PAUSA. Per un periodo Benjamin l'aveva sperimentata sulla sua pelle, quella sensazione di essere privato di una parte della sua vita, di non «appartenersi» più. Era stato a un passo dal consumarsi a causa del lavoro, ma si è reso conto in tempo dell'inutilità di quel sacrificio; non doveva fare di meno per i suoi clienti, ma fare meglio. Mettere dei paletti, stabilire dei limiti non implica diminuire la propria efficacia. Al contrario, rispettando sé stesso, prendendosi delle pause per tirare il fiato e ricaricare le energie, Benjamin ha trovato la soluzione per dare il massimo senza sacrificare la qualità della vita.

Quando Benjamin riaccende il cellulare, mezz'ora più tardi, vede cinque chiamate perse, tutte dallo stesso numero. Niente in segreteria. Decide di richiamare, nonostante diffidi sempre di chi non lascia messaggi. Spesso sono call center.

«Pronto», dice una voce di donna piuttosto secca.

«Buongiorno, sono Benjamin Wilson di EMOTEXT. Mi ha cercato?»

La voce tradisce un fastidio malcelato. «Sì, è da più di un'ora che provo a chiamarla!»

Benjamin non può impedirsi di correggerla. «Mezz'ora, vorrà dire.»

«Non risponde mai ai suoi clienti?» si accanisce la voce.

«Sì, negli orari di apertura indicati sul sito.»

Dopo un sospiro profondo, la voce prova a proseguire la conversazione con un po' più di calma. «Okay. Si ricorda di me? L'altro giorno al Salone Heavent? Quando mi sono sentita male, lei mi ha riaccompagnata in ufficio.»

Come no? Certo, che si ricordava! «Joy!»

Quel nome gli è uscito dalle labbra in uno slancio di entusiasmo sincero, gioioso, subito raffreddato dal tono professionale della sua interlocutrice.

«Ascolti, come probabilmente le avevo accennato, ho un

evento da organizzare per i dieci anni della mia agenzia, l'Ottava Sfera. È piuttosto urgente: i miei capi vogliono che la serata con l'animazione abbia luogo dopo le feste, intorno al 15 gennaio.»

«Ah, perfetto! C'è *tutto* il tempo, allora!»

La donna sembra impermeabile all'umorismo. La sua tensione è palpabile perfino al telefono, e Benjamin prova quasi compassione per lei. Percepisce il suo bisogno di essere rassicurata da un approccio serio, distaccato, che faccia eco al suo stato d'animo, e da straordinario camaleonte della comunicazione qual è esegue alla perfezione. Gli effetti si avvertono all'istante: sente la voce della sua interlocutrice rilassarsi, anche se in modo impercettibile, mentre lui inizia a illustrare le varie possibilità.

«L'altro giorno lei ha visto una piccola dimostrazione della nostra proposta Brandscape, con la stampa 3D del suo testo *corporate*. Ma ci sono diverse altre opzioni che potrebbero essere adatte allo spirito del vostro evento per l'anniversario!»

«Ah, benissimo. Mi spieghi pure.»

Ha un tono deliziosamente autoritario, questa Joy. Ma la cosa non ha alcuna presa su Benjamin. Si è giurato che non si lascerà mai più sopraffare dalle questioni di lavoro; preferisce cercare di vedere tutto attraverso un prisma di umorismo e leggerezza, che lo aiuta a prendere le distanze. Prendersela complica solo la situazione e impedisce di progredire. È del tutto improduttivo.

Benjamin risponde a Joy con il sorriso nella voce. «Per telefono è difficile. Sarebbe meglio che lei passasse di persona in atelier, per una dimostrazione pratica. Così potremo progettare insieme lo svolgimento della serata. Che cosa ne pensa?»

«È che mi farà perdere molto tempo venire da lei!»

«O forse gliene farà risparmiare, dipende da come vede le cose!»

Lascia che le parole facciano il loro lavoro. Dopo un momento di silenzio, Joy accetta di andare da lui. L'appuntamento è per l'indomani mattina.

9.

Benjamin apre la porta dell'atelier. Una giovane donna con un cappello rosso appare sulla soglia, nella luce della soleggiata mattina invernale. Anche le guance, le labbra e la punta del naso sono rossi, un particolare che le dà un'aria infantile davvero graziosa. Gli occhi e il volto sono illuminati da un bel sorriso. Benjamin resta per un istante senza parole. Poi quell'adorabile creatura smette di sorridere, e lui riconosce Joy...

Senza nemmeno attendere che la inviti ad accomodarsi, Joy entra nell'atelier con passo svelto e deciso. Mentre si toglie i guanti di pelle, li mette con cura nella tasca del cappotto per non perderli e, per la stessa ragione, infila la sciarpa nella manica, si guarda intorno senza alcun pudore, come se stesse ispezionando la stanza. Una volta terminato il controllo, si gira bruscamente verso Benjamin.

«Iniziamo?»

Il tono non ammette dilazioni. Benjamin capisce che deve darsi da fare *senza ulteriori indugi.* Peccato che a lui piaccia cominciare la giornata con calma. Scambiare qualche parola davanti a un caffè, godersi un po' di convivialità... Va' a sapere perché, il calore umano lo rende più produttivo. Osserva il viso di nuovo chiuso e teso della sua cliente e pensa che sarà difficile far passare quel concetto.

«Gradisce un caffettino?»

«No, grazie, preferisco attaccare subito.»

Attaccare. Benjamin trasalisce suo malgrado. Ma Joy si

renderà conto del suo vocabolario guerresco? Davvero per lei la vita è una lotta? È solo la seconda volta che la incontra e questa è proprio l'impressione che dà: una donna in tensione perenne. È triste, pensa lui. Joy percepirà lo sguardo compassionevole che posa su di lei in questo momento? Probabilmente no. Pare troppo concentrata sul proprio obiettivo per avere consapevolezza di qualunque altra cosa.

Si aspetta che lui le illustri le sue proposte di animazione in un batter d'occhio. Benjamin, come se niente fosse, con il sorriso sulle labbra si dirige fischiettando verso l'angolo cucina per fare il caffè. Con la coda dell'occhio vede benissimo che lei sta scalpitando. Continua a fare il finto tonto.

«Si sieda, Joy! Le preparo un caffè macchiato come non ne ha mai assaggiati!»

La donna ha i lineamenti contratti, apre e chiude la bocca come se volesse dire qualcosa senza riuscirci. Poi, con il corpo rigido come una scopa, si issa su uno degli alti sgabelli, controvoglia. «Va bene, una cosa veloce», risponde a denti stretti.

Ah, che concessione! Benjamin aggiunge al caffè espresso un goccio di latte caldo, poi si mette a montare la schiuma. Lei osserva ogni suo gesto. Lui pensa che deve proprio chiedersi cosa stia combinando. Alla fine, estrae la pipetta di salsa al cioccolato e passa all'ultima fase: il clou dello spettacolo, la ciliegina sulla torta, il dettaglio sbalorditivo! Joy vede solo la sua schiena mentre Benjamin con la mano esegue sulla schiuma un disegno secondo la più pura tradizione dei baristi, una tecnica che ha appreso durante un periodo trascorso in Italia. I piccoli Max adorano il suo talento per la «latte art». A seconda del giorno e dell'umore, varia il piacere scegliendo tra *topping*, creazioni realizzate con salsa di cioccolato, *painting*, disegni fatti con un bastoncino direttamente nella schiuma, e *free pouring*, sagome ottenute versando la schiuma nel caffè da diverse altezze.

«Tadà!»

Benjamin posa la golosa bevanda davanti a Joy. Lei d'un tratto assume l'espressione felice e spensierata di una bambina stupita.

“Forza! Dacci dentro!”

Con il cucchiaino sospeso per aria, Joy esita a rompere il bel disegno a forma di stella. Quando alla fine si decide, inizia a infilarsi cucchiaiate di schiuma in bocca una dopo l’altra, con gusto, senza nemmeno alzare la testa.

“Non si aspettava che fosse così buono”, pensa lui. “È un piacere per gli occhi. Finché c’è gusto nel mangiare, c’è speranza...”

«Grazie, era davvero delizioso.»

Benjamin intravede di nuovo la creaturina gioiosa. Ma dura poco. Joy salta giù dallo sgabello per segnalare che la pausa è finita.

«Allora? Mi spiega?»

Vuole professionalità? La signora sarà servita...

10.

Ascolto le argomentazioni di Benjamin da una ventina di minuti. Mi sta elencando tutti i diversi concept di animazione attraverso le parole. Ha delle buone idee, ma non lascio trasparire nulla. Negli affari, questa è la base: se ci si mostra subito troppo interessati, non c'è più alcun margine per negoziare. Ugo lo dice sempre. Cerco di fare come farebbe lui e interpreto la parte della cliente difficile. Penso che sia così che Ugo avrebbe voluto vedermi condurre questo sopralluogo: fare le pulci al fornitore per ottenere di più... È un buon maestro in queste cose. A ogni nuova proposta di Benjamin, borbotto qualcosa, poco convinta, e lo vedo perdere a poco a poco la sua sicurezza. Il tono entusiasta dell'inizio della mattinata pian piano sta virando verso un'intonazione di formale cortesia. In qualche modo, mi sembra di leggergli negli occhi che non ha più tutta questa voglia che la cosa si faccia. La Joy empatica mi bussa da dentro il petto. "Ehi! Piantala di mettere in croce questo ragazzo. È davvero carino e molto paziente, e poi ripensa un momento a quel supercaffè macchiato che ti ha offerto prima con tanto buon cuore, non lo fa mica per tutti! Non merita certo che tu gli rovini la giornata, lo sai benissimo..."

Un giovane uomo sulla trentina entra nell'atelier urlando un gioviale «buongiorno». Indossa una giacca in stile aviatore con il colletto alzato e si sfrega vigorosamente le mani per riscaldarle. Ha un'aria sbarazzina, fossette nelle guance, boccoli indisciplinati, una carnagione ambrata e un paio di orecchini di strass. "Bello scivolone di stile", direbbe Virginia... Eppure, quel look, lo porta con disinvoltura e gli sta molto bene. L'interruzione sembra più che benvenuta per Benjamin, che mi chiede di scusarlo un momento.

«Ciao, Rayane! Tutto okay?»

Si danno un bacio sulla guancia.

«Chi è?»

Benjamin risponde a voce bassa, ma sento lo stesso.

«Una cliente... poi ti racconto...»

«Carina, la cliente!» esclama l'altro, lanciandomi un'occhiata da sopra la spalla di Benjamin.

«Non direi proprio...»

Nel sentire quelle parole mi irrigidisco sulla sedia. Il computer è in stand-by, e vedo la mia immagine riflessa sullo schermo nero. Mi riconosco davvero in questa donna che trasmette il suo stress senza alcun pudore, puntigliosa, fastidiosa, rompiscatole? Sento un velo di tristezza calarmi addosso. Non mi piace questa Joy, ma non so come far tornare l'altra, quella che è sparita ormai tanto tempo fa...

Benjamin viene verso di me con aria distaccata e mi presenta il suo socio.

Rayane mi dà una vigorosa stretta di mano accompagnata da un largo sorriso. Il buonumore deve far parte del contratto in questo posto. La cosa non può che sconcertarmi: l'atmosfera che regna qui è così diversa da quella dell'Ottava Sfera! Rayane si eclissa subito.

«Fate come se non ci fossi!»

Va a sedersi al suo tavolo, davanti a un computer di ultimissima generazione, e fa partire il software di creazione 3D che ho provato al Salon Heavent. Nella saletta accanto, diverse stampanti 3D lavorano a pieno regime. Numerose scatole sono allineate lungo le pareti, come in attesa di essere riempite.

Benjamin intercetta il mio sguardo interrogativo e spiega: «Stampiamo molti regalini da consegnare agli invitati alla fine degli eventi. Non lo si può fare in diretta il giorno stesso, ci vorrebbe troppo tempo. Pensa che potrebbe interessarvi l'idea di lasciare a tutti un ricordo della festa?»

Scuoto la testa, arcigna. «No, non è abbastanza originale.»

«Troppo non è mai abbastanza» è un'altra delle frasi preferite di Ugo. Fare di più, sempre. Lui è talmente esigente da rasentare la tirannia... Sento di nuovo quella tensione alla spalla sinistra, un dolore proprio sotto la scapola, che tento di massaggiarmi con discrezione.

«Le fa male?» chiede con gentilezza Benjamin.

«No, no, per niente.»

La secchezza della mia risposta è come uno schiaffo. Davvero, oggi sono proprio insopportabile! Sobbalzo sentendo la porta che si chiude; un'altra persona è entrata nell'atelier.

«Ciao a tutti!»

Ma è una sfilata, o cosa? Nella stanza sta avanzando una specie di extraterrestre, con una tuta nera e rossa fosforescente e un casco integrale con visiera oscurata che mi impedisce di vedere gli occhi. Il marziano si ferma di botto quando si accorge della mia presenza.

«Ma buongiorno! Non sapevo che avessimo visite!»

Si toglie la maschera e scopro, non senza stupore, che si tratta di una signora di una certa età – non saprei dire di preciso quanti anni abbia – con una massa di ricci biondi permanentati, un bel viso coperto di rughe d'espressione e un'improbabile abbronzatura, considerata la stagione, che fa risaltare le iridi scintillanti azzurro piscina.

La donna viene verso di me, sorridendo a trentadue denti.

«Carmen, piacere!»

Seconda stretta di mano vigorosa della giornata. Caspita!

Benjamin si alza e prende Carmen per il braccio, accompagnandola verso l'angolo cucina. La sento fare le stesse domande di Rayane, mentre anche lei mi lancia sguardi interrogativi. Poi si mette a parlare con Benjamin come se io non fossi a portata di orecchio.

«... e tu, caro, tutto bene? Com'è andato il rientro a casa ieri sera? Ehi, senti un po', devo raccontarti del mio appuntamento... e grazie per avermi mostrato la app...»

Nonostante il mio pessimo umore, quella scenetta mi diverte: Benjamin mi guarda preoccupato e prova a schivare i gesti affettuosi e familiari di Carmen che, senza smettere di raccontare le sue novità, cerca di sistemargli una ciocca ribelle.

«Shh... Carmen... Basta. Mi racconterai dopo, okay? Ma sì, sono stracontento per te. Poi mi dici tutto. Adesso però devo tornare dalla mia cliente, d'accordo? Non ho tempo di prepararti un cappuccino, ma giuro che ti farò il mio tè speciale nel pomeriggio, dai...»

Nascondo un sorriso mascherandolo con uno sbadiglio. Lui se ne accorge e forse ha paura che io stia per mollare tutto perché viene subito verso di me.

«Mi scusi! Va tutto bene? Non esiti a chiedere, se ha bisogno di chiarimenti...»

È gentile. Non sono abituata ad avere a che fare con persone così cortesi. Mi illustra varie altre possibilità e io mi dico che davvero non posso più continuare a rifiutare tutto ciò che mi propone. Allora decido di agganciarmi alle sue ultime parole per invertire la rotta e dargli finalmente un segno di incoraggiamento.

«Ah, ecco, questa sì che è una buona idea!»

Lui mi guarda sorpreso. «A cosa si riferisce?»

«A quello che ha appena detto!»

«Le *magic punchlines*?»

«Sì! Esatto! Le *magic punchlines*!» Tra me e me aggiungo: "E ora, forza, Joy, fai un sorriso". Benjamin, che si è dovuto sciroppare il mio umore pestilenziale per un'ora, stenta a credere a un cambiamento di stato d'animo. Accenno un sorriso e percepisco che inizia a rilassarsi.

«Allora facciamo così? Iniziamo con un cocktail e, al momento dell'antipasto, subito dopo il discorso del suo capo, partiamo con l'animazione Brandscape con stampa 3D. E teniamo l'animazione con le *magic punchlines* per il dessert, come clou della serata.»

«Mi sembra che vada bene.»

I suoi occhi rivolti al cielo sembrano gridare «alleluia». Ha un'espressione così disarmante che, senza volerlo, scoppio a ridere. Non so chi dei due sia più sbalordito.

11.

Carmen vede Benjamin accompagnare la giovane donna e, quando la porta si chiude dietro di lei, lo sente tirare un sospiro di sollievo che potrebbe voler dire: "Finalmente questa rompiscatole si è tolta dai piedi, mi stava facendo diventare scemo". Le sorride quando le passa vicino. Carmen lo guarda compiaciuta mentre lui va da Rayane per discutere di un ordine in produzione.

La mattinata è passata così veloce. Si dà da fare in cucina: devono avere fame! Ha portato un buon *pot-au-feu* per «i suoi ragazzi». È vero che potrebbero essere suoi figli, ha più del doppio dei loro anni! La vita ha voluto che non avesse bambini. Una volta c'era andata vicina, ma poi la storia era finita. Lui non riusciva a immaginare un futuro con lei, aveva detto. Quel che pensava Carmen, invece, era che avesse incontrato un'altra più... più cosa, in effetti? Non avrebbe saputo dirlo... Più carina? Più avvenente? Migliore, ecco, in una parola. Ma non si è inacidita, questo no, mai. Inacidirsi è incompatibile con il suo temperamento. La vita la prende come viene, con i suoi alti e bassi, e soprattutto la sua lunga esperienza le insegna che è sempre possibile avere una bella sorpresa. Così ogni mattina si sveglia ottimista. Quattro anni prima il destino le ha fatto il regalo di mettere Benjamin sulla sua strada. Lui è la prova che a volte accadono piccoli miracoli. Carmen stava cercando lavoro da tre anni, dopo essere stata gentilmente messa alla porta e aver perso il suo posto da contabile con la scusa di una riduzione dell'organico a causa della crisi, anche se lei sapeva benissimo che il vero motivo era la sua età: era diventato meno costoso assumere un giovane impiegato o addirittura affidare la mansione a uno studio esterno in modo da non dover versare i contributi. Carmen non aveva i requisiti per la pensione anticipata. Inoltre, non aveva nessuna voglia di smettere di lavorare! Le piaceva essere attiva, avere contatti con le nuove generazioni. *Là dove succedono le cose.* Si sentiva così giovane dentro! Perché mai avrebbe dovuto accettare di essere rottamata? Solo sentire la parola le faceva venire i brividi. I tizi del centro per l'impiego si erano mostrati piuttosto pessimisti: «Sa, alla sua età...». Quella frase trita e ritrita. Eppure lei sapeva di essere speciale. Non era una «contabile» qualunque.

Carmen non vede i numeri come tutti, li vede a colori. Si chiama sinestesia, ed è una particolarità del suo cervello. Un fenomeno neurologico per il quale due sensi si associano per percepire uno stimolo. Tanti non lo sanno, ma ci sono molte forme di sinestesia. La sua è del tipo «grafema-colore» e le è sempre piaciuta molto. Non è certo un genio dei numeri, ma ha comunque alcune abilità notevoli: davanti a colonne di cifre senza fine, che altri troverebbero di una noia mortale, si sente come se stesse camminando in un bel paesaggio. Le piace, è a suo agio, come in un rifugio. Per rendersi conto di quanto l'argomento la affascina, basta dire che sul comodino tiene il libro di Daniel Tammet *Nato in un giorno azzurro*. Lo ha letto sette volte per provare a capire meglio cosa mai possa accadere dentro il cervello di quello straordinario genio affetto dalla sindrome di Asperger.

E dunque un giorno di quattro anni prima Carmen, ormai quasi rassegnata alla sua sorte di persona da reinserire nel mercato del lavoro che sopravvive grazie all'indennità di disoccupazione, aveva risposto a uno strano annuncio trovato su un sito dedicato alle micro, piccole e medie aziende e agli imprenditori autonomi.

"Quando una situazione è bloccata, bisogna aprire altre porte..." continuava a ripetersi. L'annuncio le era subito piaciuto, perché era ben scritto, con un pizzico di umorismo e fantasia, così diverso dagli altri. In genere gli annunci di lavoro sono freddi, istituzionali, danno l'impressione che si voglia assumere dei robot, dei numeri, qualcuno che ha ben poco di umano.

Risorse inumane.

Quello di Benjamin, invece, era tutt'altra cosa. Più che un/una contabile, cercavano «qualcuno che conta», perché in una piccola attività ogni persona è indispensabile. Un/una contabile che «da tempo non usa più le dita per contare», ma che «per la sua squadra conterà come le dita della mano». Carmen aveva letto fra la righe la buona disposizione d'animo di chi lo aveva scritto, l'atteggiamento aperto e benevolo... Si ricorda ancora dello stato febbrile in cui aveva risposto all'annuncio e della sua paura: perché mai avrebbero dovuto prendere una vecchia bacucca come lei?

Invece qualche giorno dopo Benjamin l'aveva chiamata per un colloquio. Al suo arrivo aveva incrociato un'altra candidata, una graziosa ragazza giovane e slanciata, tutta allegra. Sembrava proprio che l'accordo fosse già stato concluso, così Carmen aveva avuto voglia di girare i tacchi e tornarsene a casa, ma qualcosa glielo aveva impedito. Forse il sorriso gentile di Benjamin che, con grande cortesia, l'aveva invitata ad accomodarsi.

Il colloquio si era svolto senza intoppi, ma lei aveva avuto l'orribile sensazione di non riuscire a segnare dei punti decisivi. Benjamin l'aveva fissata dritto negli occhi, come se volesse cogliere la sincerità della sua risposta, e le aveva chiesto: «Che cosa l'ha spinta a proporsi per questo posto, Carmen?».

Lei aveva percepito che il momento era cruciale. Doveva decidere se imbellettare i motivi della sua candidatura oppure giocare la carta dell'onestà totale.

Allora aveva vuotato il sacco: gli anni passati a sgobbare, il licenziamento a causa dell'età, l'impossibilità di trovare un lavoro, lei che pure aveva tanta esperienza ed energia da vendere!

«...e poi, vedo i numeri a colori.»

Benjamin prendeva appunti mentre lei parlava, ma a quel punto aveva smesso di scrivere e aveva alzato lo sguardo, colpito da quell'ultima risposta.

Tre giorni dopo Carmen aveva cominciato a lavorare all'atelier.

Per Benjamin, sarebbe stata pronta a tagliarsi anche un braccio, non c'era da stupirsene. Ma guarda un po', parli del diavolo e...

«Caspita, cosa ci hai cucinato di buono? Hai avuto il tempo di preparare un *pot-au-feu*? Carmen, sei davvero incredibile!»

Benjamin le dà un bacio con lo schiocco sulla guancia, facendola ridere.

"*Y a d'la joie, Bonjour bonjour les hirondelles.*" Carmen canticchia sempre nella sua testa quando il suo cuore è felice. Rayane si avvicina, attirato dal profumino che si spande dalla pentola. I suoi due ragazzi non si fanno pregare per mettersi a tavola e divorano il cibo. Lei vorrebbe dire loro di mangiare più lentamente, ma è un piacere vederli...

«Cosa faremmo senza di te!» borbotta Rayane con la bocca piena di gratitudine.

Qui Carmen si sente utile e apprezzata in un modo che non avrebbe mai potuto nemmeno sognare. Per quei due non c'è nulla che non sarebbe disposta a fare.

«E quella donna? Te la sei cavata alla fine? Aveva l'aria di essere un colloquio un po' complicato...»

Benjamin aggrotta le sopracciglia al pensiero della mattinata con Joy. «In effetti, è stato molto difficile... Sembrava che non le andasse bene niente. Gli indecisi sono i peggiori. Penso che non sapesse davvero che cosa voleva.»

«Un brief vago?» lo compatisce Rayane mentre si serve una seconda porzione dell'ottimo *pot-au-feu* di Carmen.

«Assolutamente sì. E lei è l'archetipo della cliente introversa e autoritaria.»

Carmen sorride a Benjamin, guardandolo come si guarda uno che non ha capito nulla.

«Ma no, per niente. Io l'ho sentita soprattutto troppo stressata, quella ragazza... Il suo lato autoritario è solo un bluff, fidati di me. Si vede subito che è una gentile.»

«Ah, sì? E da cosa lo vedi?»

«Be', dalle pupille. La pupille non mentono. Credimi.»

Benjamin le rivolge una smorfia dubbiosa, ma al tempo stesso la sua aria assorta indica che sta prendendo in considerazione la possibilità evocata da Carmen. Può fidarsi di ciò che Joy ha mostrato di sé quella mattina per giudicarla? È possibile che si sia trincerata dietro un ruolo che le viene imposto o che lei stessa si impone?

«E allora secondo te è così insopportabile giusto per il piacere di esserlo?»

Carmen scoppia a ridere. La diverte vedere il suo ragazzo che prende quell'aria sarcastica per smontare la teoria della ragazza che in fondo ha un cuore buono, ma è obbligata a indossare una corazza.

«Mica per piacere, stupido! Forse è solo che non può fare altrimenti perché l'hanno riempita di lavoro e di cose da fare, per esempio!»

Benjamin la guarda con aria sorpresa e divertita. «Be', a quanto pare ti è simpatica, la mia rompiscatole.»

«Abbiamo tutti diritto a una chance, no?» Il largo sorriso e l'occhiolino complice che Carmen rivolge a Benjamin sembrano fare breccia.

«Okay, dal momento che sembri tenerci, approfondirò un po'.»

12.

Finalmente.

Finalmente Ugo verrà a cena a casa mia.

Finalmente c'è riuscito.

È da settimane che aspetto questo momento.

Sono nervosa. Oggi in ufficio non ho combinato niente e sono stata insopportabile con quel Benjamin dell'agenzia EMOTEXT. Lui, poveretto, cercava solo di portare avanti le cose per il nostro evento, e io l'ho fatto diventare matto. «Non può trovarla lei la nuvola delle parole *corporate*? È il suo lavoro, no?» gli ho quasi urlato addosso.

«No», mi ha risposto con calma.

«Come no?» Non capivo.

«No.»

Lo ha ripetuto con un'implacabile sicurezza. Senza aggressività. Gentile, ma con una fermezza che mi ha lasciata senza parole.

«Non spetta a me trovare le parole che esprimono i valori della sua agenzia», ha spiegato. «Non si chiede certo al vicino di casa di dare il nome al proprio bambino, giusto? Invece posso aiutarla a farle emergere, queste parole. Ci lavoreremo insieme, se vuole.»

Non ho detto né sì né no e ho addotto il pretesto di una riunione imminente per concludere la telefonata senza dovermi scusare del mio comportamento lunatico.

Dal momento che non riuscivo a concentrarmi su nessuno dei miei progetti, ho deciso di uscire presto, cosa che non è sfuggita all'occhio dei servizi segreti dell'agenzia, nella persona di VIP'.

«Esci alle sei? Hai chiesto il part-time?»
Il suo sarcasmo cinico mi ha fatto digrignare i denti. Nonostante tutto, però, dovevo inventarmi in fretta una scusa. Se non si è molto bravi a mentire, è meglio tagliare corto.
«Appuntamento con un cliente!» ho urlato mentre scappavo via per non darle l'occasione di indagare oltre facendo domande scomode.
Naturalmente, per onorare la cena con Ugo ho tirato fuori il servizio buono, i sottopiatti grandi eccetera eccetera.
"Bisogna che sia tutto perfetto!"
Avevo pensato a comprare i suoi cibi preferiti e ho indossato il vestito che gli piace di più, quello che valorizza la mia parte migliore, il décolleté. Sono così orgogliosa dei miei seni, né troppo grandi né troppo piccoli, con la loro bella forma tonda, da mela, come dice mia madre.
Ogni volta che viene Ugo mi trovo di fronte a un paradosso: come faccio a essere così felice e così tesa al tempo stesso? Man mano che le ore passavano ho iniziato a sentire nel petto una specie di palla da ping-pong che si fa sempre più pesante.
"Devi essere all'altezza."
La mente non la smette mai di torturarmi con questi ordini imperiosi.
Le mani mi tremavano e sentivo avvicinarsi una nuova crisi. Mi sono seduta sul divano e ho accarezzato il cellulare con la punta delle dita per qualche momento, cercando di resistere alla tentazione. Poi ho ceduto. Ho scaricato due nuove applicazioni che mi sono sembrate straordinarie, indispensabili per assicurare che ogni aspetto della serata vada per il meglio.
"Bisogna attrezzarsi."
È arrivato con quarantacinque minuti di ritardo. Quarantacinque minuti possono sembrare pochi, ma quando sono quattro settimane e quarantacinque minuti che aspetti non passano più. Non si è nemmeno scusato: era al telefono quando ho aperto la porta. È entrato come se fosse a casa sua, senza interrompere l'animata discussione che lo teneva con l'orecchio inchiodato al cellulare. Si è avvicina-

to alla tavola che avevo preparato con tanto amore per piluccare con nonchalance qualche nocciolina. Ogni tanto mi lanciava uno sguardo dispiaciuto, indicando il telefono per additare il responsabile di quella interminabile, fastidiosa conversazione. Alla fine ho capito che all'altro capo della linea c'era VIP', e l'intrusione della mia perniciosa collega, proprio in quel momento, mi ha irritata profondamente. Ugo ha intercettato la mia smorfia e – miracolo! – alla fine ha capito che era ora di riattaccare.

«Scusa, dovevo per forza rispondere! Era una faccenda molto urgente, sai com'è...»

Ah, be', se è per saperlo, lo so, in effetti. Quando alla fine mi bacia, tutte le tensioni svaniscono. Ha una gran fame, mi dice, così ci sediamo a tavola. A me invece della cena non importa un bel niente. Salterei volentieri questa tappa, anche perché la fifa e l'agitazione mi hanno tolto del tutto l'appetito. Quando Ugo è davanti a me, ho sempre l'impressione di trovarmi di fronte alla commissione di un importantissimo esame. È talmente brillante, talmente colto. Ogni volta che introduce un nuovo argomento di conversazione, la frase si conclude con «conosci?» e il silenzio che segue è terribilmente imbarazzante. No, la maggior parte delle volte non conosco. Parla di politica, di letteratura, di eventi, di paesi di cui non sospettavo nemmeno l'esistenza sul globo terrestre... Stasera però gioco d'anticipo. Non gli lascio il tempo di aprire bocca, sono io a fare le domande. «Cosa ne pensi della questione X?» «Hai sentito dell'inaugurazione del parco Y?» «Ti è giunta voce dello scandalo di Z?»

Esulto. Sta andando tutto benissimo! Peccato che, dopo un po', Ugo si metta a guardarmi in modo strano. Resta in silenzio, aggrottando le sopracciglia per un momento.

«Che cosa c'è?»

Lui abbassa lo sguardo sul piatto. «No, niente... è solo che questa conversazione...»

«Questa conversazione *cosa*?»

«Niente... è che questo tuo modo di farmi un sacco di domande è un po'...» Cerca le parole. «...irritante!»

Con un gesto discreto chiudo l'app Clevertalk che avevo aperto sulle ginocchia. Sono delusa dalla sua osservazione. Forse non sono stata abbastanza naturale nel fargli le domande? È normale, mi dico: è la prima volta che uso questa app. Mi servirà un po' di allenamento... Ma, per il resto, la trovo fantastica! Non è forse suo il merito se da un'ora riesco a portare avanti una conversazione di sostanza?

«Che cos'hai sulle ginocchia?» Ugo si china dopo avermi vista armeggiare sotto il tavolo.

Sono obbligata a mentire. «Niente...»

Il tonfo del mio cellulare è fastidioso, ma almeno potrò mostrargli che non ho nulla sulle gambe.

«Cos'è stato quel rumore?»

Ho caldo e non riesco più a star ferma. È tempo di agire. Balzo giù dalla sedia e gli butto le braccia al collo per fargli dimenticare queste bazzecole. Siamo entrambi travolti dalla stessa febbre. Ci alziamo senza staccare le labbra l'uno dall'altra e andiamo verso la camera da letto. Finalmente lui! Finalmente noi! Ebbra di gioia, mi sento risuonare nella testa sempre la stessa frase: "Devi lasciarlo senza parole! Devi lasciarlo senza parole!".

Ci rotoliamo sul letto mentre ci svestiamo frettolosamente. Abbiamo il respiro corto, le carezze sono convulse, i corpi aggrovigliati... Tutto va benissimo. Lui è al colmo dell'eccitazione.

"Devi lasciarlo senza parole! Devi lasciarlo senza parole!"

Obnubilata dall'idea di essere originale e di riuscire a stupirlo, ho cercato una piccola sorpresa per rendere più piccante il sesso. Interrompo il suo slancio appassionato.

«Aspetta, non muoverti! Ho qualcosa per te!»

Ridacchio mentre sgattaiolo giù dal letto, nuda, e saltello fino alla sala per andare a prendere il cellulare. Quando torno, lui è seduto e si è coperto con la trapunta. Gli sventolo il telefono sotto il nasso.

«Guarda! È superdivertente! È la app Sexy421. Scuoti il telefono e *tac*, lui lancia tre dadi: uno ti dice la parte del corpo, un altro l'azione e l'ultimo per quanto tempo...»

Continuo ad agitare il telefono, senza rendermi conto dello sguardo imbarazzato che Ugo posa su di me.

«Joy? Joy? Ehi!» È costretto a togliermi il cellulare dalle mani per farsi ascoltare. Tenta di usare un pizzico di tatto. «Mi dispiace, ma l'interruzione e tutta questa storia mi hanno fatto passare la voglia, *capisci*?»

Dà un'occhiata al suo enorme orologio di lusso.

«E poi si è fatto tardi, Virginia tra un po' tornerà dal suo cocktail e sarà meglio che io mi faccia trovare a casa, *capisci*?»

Implacabile, si alza e cerca le sue cose al buio. Senza dire una parola, si infila le mutande, i pantaloni, la camicia. Quando ha finito, si gira verso di me e mi stampa un rapido bacio sulle labbra.

«La cena era molto buona.»

La porta si chiude. Io non mi sono mossa. Il mio corpo è rimasto lì, impietrito: la mia nudità esposta alla notte e il cuore percosso dal silenzio che segue a quella partenza precipitosa.

13.

Nei giorni successivi mi aggiro come un'ombra per l'agenzia. Cerco in tutti i modi di evitare Ugo. Ma naturalmente le paranoie sono solo mie: lui non sembra farsi il minimo scrupolo. Ho parlato con Benjamin dell'organizzazione dell'evento per l'anniversario. È stato cortese, ma piuttosto distaccato e direttivo; niente a che vedere con l'uomo caloroso ed entusiasta che avevo percepito la prima volta che ci siamo incontrati al Salon Heavent. Non so perché, ma la cosa mi è un po' dispiaciuta. Mi ha assegnato diversi compiti, in modo che io possa dare un contributo per mettere a punto le animazioni. Considerato il mio budget piuttosto limitato, sono costretta a lasciarmi coinvolgere in prima persona nel progetto e a dedicargli del tempo; è stata questa la condizione posta da Benjamin per accettare l'incarico. Una volta di più, sarò io a dover pagare il conto del *management stretch*...

In più, un'altra difficoltà mi aspettava al varco. Per espressa richiesta dei Badass l'animazione a sorpresa della serata deve restare segreta. Ma come posso porre domande ai colleghi per ottenere «materiale da parole» senza che sospettino nulla?

«Materiale da parole»: è stato Benjamin a usare questa espressione e io l'ho trovata divertente. Quali sono le parole giuste per incarnare lo spirito dell'agenzia, la sua essenza, le sue ambizioni, i suoi valori? Quali parole rappresentano la personalità di ognuno dei membri della squadra?

Per il momento non so bene che cosa se ne farà di questo materiale; io ho solo il compito di andare a «caccia di parole».

Il posto migliore per chiacchierare mi sembra la macchinetta del caffè. So quando la ciurma si abbevera: le 11.00 è l'orario di maggior affluenza. Allora quello non è più un corridoio, bensì un marciapiede di New York! Chiacchierano fino ad avere la lingua indolenzita. Viene perfino Cataretta: è l'unica volta nella giornata in cui rinuncia alle sigarette in favore dello svapo per poter passare quel momento con gli altri. C'è pure il mio FF, neanche a dirlo, disinvolto come sempre.

«Ciao, Yoj!» mi saluta ridacchiando F., tutto contento della sua trovata.

«Yoj?»

«Sì, è il tuo nome al contrario. E mi fa pensare a Yoji. Conosci Yoji, no?»

Sottinteso: "Com'è mai possibile non conoscere Yoji?".

«Cosa, non conosci Yoji?»

Naturalmente, VIP' non perde l'occasione per rincarare la dose. Non posso googlare la parola Yoji sullo smartphone davanti a loro; dovrò lasciarmi prendere in giro. Per rimarcare il concetto F. fa partire una musica trance sul cellulare e si mette a saltellare e a ballare come a un concerto di hard trance. Gli altri si godono lo spettacolo: quella danza scatenata, ma soprattutto la mia umiliazione. Applaudono e fanno: «Yo, yo».

«Mai sentito? Hardstyle disco. Roba che spacca! È super conosciuto questo *anthem* hard trance!»

«Ehi, aspetta, vacci piano! Lo sai che Joy non è proprio di primo pelo!»

Scoppiano tutti a ridere. Io mi ripeto come un mantra la frase che mi diceva sempre mia madre quando ero piccola: "La bava del rospo non tocca la bianca colomba...". Ma presto mi rendo conto che quella massima è davvero troppo antica per competere con l'hard trance. Infilo una moneta nella macchinetta e decido di lasciar perdere, stampandomi sulla faccia un sorriso del tipo «la cosa non mi tocca».

Cataretta mi fissa. «Ma ti senti bene stamattina, Joy?»

Mi gioco la carta della sicurezza sfacciata. «Benissimo, grazie!»

«Ah, meglio così allora... Sembri un po' pallida.»

«Sono le luci al neon, G.», taglio corto, per evitare che mi chieda di accedere al mio fascicolo sanitario o che mi diagnostichi una qualche anemia.

Devo passare all'azione, e velocemente, prima che le truppe si disperdano.

«Sentite un po', già che siete tutti qui... V. & U. mi hanno incaricata di stilare un publiredazionale per l'agenzia. Se doveste scegliere una parola per descrivere il nostro spirito *corporate*, quale usereste?»

Abboccheranno all'amo del piccolo sondaggio innocente?

La considerano una seccatura, come si capisce bene dalle loro espressioni, ma qui qualsiasi richiesta proveniente da V. & U. viene presa molto sul serio.

Cataretta risponde per primo. «Eccellenza, sicuramente. Anche strategia, a pensarci bene.»

«Prestigio!» aggiunge Taser.

«Immagine. Influenza. Impatto. Attrattività. Luce... Firmamento!» Quando VIP' è lanciata, chi la ferma più!

«*Good game!*» esclama il mio stagista. Poi aggiunge i sottotitoli per i vecchi. «Funziona!» Alza le spalle come se stesse parlando a dei mentecatti.

Per fortuna, a giudicare dalle facce degli altri, non sono l'unica a non usare quell'espressione.

Nel frattempo, V. & U. sbarcano in corridoio, probabilmente richiamati dal casino.

«Cosa succede qui? Siamo al carnevale di Rio?»

Ugo ha l'abilità di comunicare con il sorriso sulle labbra, senza scomporsi, che in realtà non è affatto contento di trovarci lì a chiacchierare invece che al lavoro.

Reazione spontanea di VIP'. «È stata Joy. Ci ha chiesto delle parole per descrivere l'agenzia, per il publiredazionale che le avete commissionato...»

"Ahi. Sento puzza di catastrofe."

«Quale publiredazionale?»

Sguardi interrogativi verso Ugo. Un momento di silenzio. Mi piacerebbe essere uno struzzo e avere un buco davanti in cui ficcare la testa. Ma ora l'unico buco che ho è nello stomaco. Tossicchio.

«Ma sì, Ugo! Il publiredazionale!» Spalanco gli occhi con un'espressione da extraterrestre sufficientemente strana da metterlo a tacere.

«Ah, sì... quello!»

Uff! Ha capito. In effetti, con tutti i recenti avvenimenti non ho nemmeno avuto il tempo di aggiornare i Badass sulla mia scelta per l'animazione dell'anniversario. V. & U. mi chiedono con aria complice di andare a parlare con loro nella pausa pranzo.

Il gruppetto si dissolve, e ognuno torna nel proprio antro con il bicchierino del caffè in mano. Tutta questa faccenda mi ha alquanto provata, ma se non altro ho ottenuto un po' di materia prima, parole su cui lavorare. Ecco almeno una voce che potrò barrare nella mia lista delle cose da fare sulla app Procrastop...

14.

Natale si avvicina a grandi passi. Ho avvisato i miei genitori che potrò fare solo un salto per la vigilia perché ho troppo lavoro per fermarmi qualche giorno. Mio padre si è lamentato del fatto che ultimamente li chiamo poco.

«Allora come va, mio piccolo popcorn?»

Caro papà. Sempre così gioviale, con l'allegria sincera, semplice e comunicativa delle persone che non si fanno troppi problemi. Come lo invidio, lui, creatore di souvenir di legno per i turisti in riva al mare... Quando sono venuta a Parigi, stavo scappando da quello stile di vita che mi sembrava troppo provinciale e noioso, soprattutto d'inverno. Pensavo che nella capitale avrei trovato trepidazione, luci, paillettes, turbinio di piaceri, una vita a mille all'ora in cui mi sarei sentita finalmente davvero viva!

Come spiegare a mio padre che mi sono lasciata prendere in trappola e che la mia vita vorticosa in realtà mi aspira e mi annienta completamente? Forse posso confessare ai miei genitori che alterno momenti di iperattività, in cui mostro un'incredibile energia per essere all'altezza dell'immagine che voglio dare di me in azienda, ad altri nei quali, chiusa in casa, da sola, così sola, cado in una profonda letargia, incapace di muovermi, come inchiodata nel letto, esangue, sfinita, travolta da una sensazione di vuoto siderale. Io, un puntino minuscolo che fluttua in un inquietante nulla, indefinito e senza confini... Ma la tentazione di dire che è tutto a posto è troppo forte: per non far preoccupare mio padre mento e racconto che la vita a Parigi è fantastica. Che sul lavoro sono stimata. Che i capi mi hanno espresso la loro considerazione affidandomi perfino la delicata missione di organizzare la festa per l'anniversario dell'agenzia. Che tutto va per il meglio. Perché turbarli inutilmente?

«Ottimo, mio piccolo popcorn! Abbiamo proprio voglia di vederti!»

Anch'io ho voglia di vederli. Al tempo stesso so che quel viaggio lampo mi prosciugherà tante energie e mi farà accumulare ulteriore ritardo nei preparativi dell'evento. La scadenza è così vicina! A questo proposito, proprio stamattina ho appuntamento con Benjamin. Grazie a Dio si è offerto di aiutarmi nella ricerca della location; è una prestazione che offre ogni tanto, su richiesta dei clienti; non è la sua specialità, ma da quando lavora nel settore degli eventi si è costruito una rete di buoni contatti, perciò ha proposto di mostrarmi tre posti selezionati. Ho accettato subito con gratitudine. La cosa mi eviterà di correre da un capo all'altro di Parigi in metropolitana.

Benjamin aspetta davanti al suo palazzo, pronto a partire. Mi saluta cordialmente, io ci metto un po' più di calore. Mi dispiace di essere stata così insopportabile le ultime volte che ci siamo visti. Non è giusto che lui sia costretto a sopportare un simile atteggiamento da parte mia, quando è stato così gentile e professionale fin dall'inizio. Oggi voglio mostrargli un altro volto. Gli rivolgo il mio più bel sorriso e dico con entusiasmo: «La seguo!».

Lo vedo inarcare un sopracciglio, sorpreso, ma poi il suo viso si illumina; sembra contento di trovarmi ben disposta. Oltrepassiamo il furgoncino bianco.

«Non andiamo con il suo furgone?»

«Ah, no, no. Quello lo uso solo se devo trasportare materiale pesante per gli eventi... Se no prendo a nolo una scatoletta per il tempo che mi serve.»

«Una scatoletta? In che senso?»

Capisco che cosa intende quando arriviamo a una postazione di car sharing dove, collegata alla colonnina della ricarica, c'è una microscopica automobile elettrica blu. È così piccola che al confronto una Fiat 500 sembrerebbe una Espace. Noleggia l'auto e io salgo accanto a lui, mettendomi la borsa sulle ginocchia, visto che tanto altro posto non ce n'è. Ed eccoci in partenza per un giro di Parigi in scatoletta! Stranamente, l'idea mi fa sorridere. Il buonumore dev'essere contagioso perché d'un tratto Benjamin decide di calarsi nei panni di una guida turistica con un buffo accento. Gli riesce benissimo. Rido, dapprima timidamente, poi di gusto. Parigi ci sfila sotto gli occhi: stiamo passando sul lungosenna e la luce è così bella, proiettata sulle increspature del fiume, sulle statue e sui monumenti maestosi. Per cinque minuti mi sento come se fossi in vacanza. A un semaforo rosso Benjamin gira la testa verso di me. Non ha più la sua aria da pagliaccio, ma un bel sorriso aperto.

«Fa proprio piacere.»

«Che cosa?»

«Vederla così.»

«Così come?»

«Sorridente. Rilassata.»

Riparte. Resto un attimo immersa nei miei pensieri. Cerco le parole per dirgli quanto mi rincresca di essere stata tanto rompiscatole. Mi lancio.

«Mi dispiace.»

«Di cosa?»

«Non sono stata gradevole le altre volte che ci siamo visti.»

Lui accenna a smentirmi, per cortesia.

«Non cerchi di negare. So che sono stata orribile, e me ne scuso.»

Sembra apprezzarlo. La sua espressione si fa più calorosa e, in qualche modo, questo mi procura un certo sollievo. Non mi piace essere in cattivi rapporti con qualcuno.

«È la sua agenzia che la mette così sotto pressione?» azzarda lui.

Aspetta una risposta sbirciandomi con la coda dell'occhio. Io penso a tutto ciò che mi pesa tanto in questi ultimi tempi e che mi tengo dentro: il carico di lavoro, i fascicoli che si accumulano, le persone della squadra che mi logorano i nervi, la frustrazione per la mia relazione clandestina...

Benjamin deve accorgersi che il mio viso è di nuovo tirato. Sospira. «Pare che lei debba ingoiare dei bei rospi là dentro.»

Replico con un silenzio imbarazzato e un sorriso un po' triste. L'incantesimo è rotto. Ma perché mai dovrei raccontare a lui i miei patimenti e le mie ambasce? Non ci conosciamo nemmeno.

Arriviamo davanti al primo dei posti da visionare. Tra me e me, mi esorto a chiudere i miei stati d'animo in un cassetto e a buttare via la chiave. Assumo un'espressione di circostanza: neutra, distaccata e professionale...

15.

Lei guarda il posto, prende qualche appunto, fa domande tecniche per l'organizzazione dell'evento, ma Benjamin si accorge che si è chiusa di nuovo. Forse è stato perché le ha detto che deve ingoiare dei rospi? La sbircia con la coda dell'occhio, come se sperasse nel ritorno dell'altra Joy, quella che ha intravisto per qualche istante e che ha un volto del tutto diverso. Un volto dall'espressione gioiosa, raggiante, pieno di luce, con lineamenti completamente trasformati. Com'è possibile che due donne così differenti coabitino dentro lo stesso corpo? Una ripiegata su sé stessa, tesa, perfino spenta! L'altra spontanea, allegra, vitale e di una bellezza singolare.

Le sue risate di poco prima lo hanno non solo stupito, ma rapito. Non si aspettava che avessero un effetto simile. Che sia stato il contrasto tra le due Joy a produrre un tale choc? Quella donna lo intriga. Ripensa fugacemente alla volta in cui l'ha riaccompagnata in ufficio e lei si è dimenticata il cellulare nel furgoncino. Benjamin ha intravisto la notifica della app Busybrain con quell'enorme palloncino rosso che segnalava un carico mentale al limite dell'esplosione. Conosceva già la app perché gli era capitato di parlarne con i suoi piccoli Max: erano incappati in un articolo online riguardante quei nuovi professionisti sull'orlo di una crisi di nervi, divorati dal loro stesso impiego, sempre sotto pressione e incapaci di dire basta. Tossici del lavoro a cui viene amputata la gioia. E se fosse stato quello che stava accadendo a Joy?

«Questo posto mi sembra meglio del primo... Più adatto, Più originale, anche. Andiamo a vedere il terzo?»

«Ehm, sì... Ma non sta dimenticando una cosetta, prima?»

«Non mi pare...»

«Tipo la pausa pranzo?» azzarda Benjamin.

«Non penso che ne abbiamo il tempo.»

La fissa con uno sguardo deliziosamente risoluto. «Invece io credo proprio che lo troveremo.»

«Ma...»

«Forza, andiamo!»

«Una cosa rapida, allora...»

Lui finge di non aver capito. «Come?»

«Una cosa rapida, dicevo. Veloce!»

«Veloce? Non conosco questa parola.»

Lei non sa come ribattere, e va benissimo così: quand'è presa in contropiede, si dimentica di ipercontrollare tutto.

«Non riprendiamo l'automobile?»

«Non ne vale la pena, è vicinissimo.»

La notizia sembra rincuorarla. Forse pensa al tempo risparmiato? Sempre in corsa contro l'orologio! Benjamin ha in mente un bel posticino, adatto per un pranzo veloce ma piacevole. Arrivati davanti al locale, le tiene galantemente la porta aperta, strappandole un sorriso. È così piacevole riuscirci! Benjamin sente che quello potrebbe diventare un nuovo gioco: ogni sorriso vale un blocchetto di punti che lo mettono di buonumore. E lui al buonumore ci tiene: è un amico a cui dedicare cure quotidiane.

Slogan affascinante.

«Les bariolés de Maud? Non lo conoscevo...»

Joy si siede sulla panca azzurra e, come riflesso condizionato, tira fuori il cellulare per posarlo accanto a sé sul tavolo. Senza accorgersi dello sguardo di disapprovazione che le lancia Benjamin, si immerge nella lettura del menu, con un inatteso lampo di golosità negli occhi. Lui le spiega il principio dei *bariolés.*

«Sa, sono dei fagottini triangolari colorati, con un condimento gourmet, accompagnati da verdure o da un gazpacho. Il mio preferito è il Kabocha: zucca *confit*, formaggio di capra, miele e timo. Ma se le piacciono i gusti esotici le consiglio il Berbero: *tajine* di pollo con frutta secca e spezie del Marocco.»

«Sembra buono...»

Ordinano rapidamente, e lei inizia a guardarsi attorno. Benjamin la osserva, gli sembra di iniziare a conoscerla: pare che il locale le piaccia. I mobili di legno, semplici ma accoglienti, i cuscini soffici con motivi colorati, le piante verdi sospese, le bottiglie di vino allineate sulle mensole, le nicchie nel muro di pietra... Ogni tanto il cellulare di Joy vibra o emette un *bip*. Lei non può impedirsi di guardare e aggrotta le sopracciglia mentre, con un agile movimento del dito, gestisce le informazioni ricevute.

«Non ha mai pensato di spegnerlo per il tempo di un pranzo?»

Joy lo guarda come se avesse appena detto un'idiozia. «Per me è uno strumento di lavoro», risponde d'istinto, un po' piccata.

«Strumento di lavoro o strumento di tortura?»

Per un attimo Joy sembra chiedersi se stia scherzando. «Tortura, è ovvio. Mi piace soffrire.»

Lui scoppia a ridere, in parte per il sollievo: se ha ancora il senso dell'umorismo, non tutto è perduto.

Arrivano i loro *bariolés* salati.

«Che belli!»

Benjamin resta sorpreso da quell'esclamazione gioiosa, quasi infantile.

«Ma come fanno a farli così colorati?»

«Ah, è stata Maud a inventarsi questi triangoli variopinti! Usa solo prodotti e coloranti naturali! È incredibile! Nero di seppia, curcuma, spirulina, alga verde, rapa rossa...»

Curiosa, Joy addenta il triangolo verde dalla pasta croccante. Benjamin la osserva in attesa del verdetto.

«Fantastico!»

Si vede che le piace da matti, lo divora.

«Non mi ero resa conto di avere così tanta fame.»

È un piacere vederla mangiare, sembra quasi che i colori

dei *bariolés* le abbiano acceso il viso. In quel momento il cellulare ricomincia a emettere suoni insistenti e sgradevoli.

«Mi dispiace. Sono le mie notifiche. Ho un sacco di applicazioni...»

«Quante?»

La domanda la mette in imbarazzo. «Molte...»

Benjamin non insiste. A quanto pare è un argomento delicato. È tanto più colpito, dunque, quando vede che finalmente Joy si decide a rimettere il cellulare nella borsa.

Il resto del pranzo trascorre in modo gradevole. Joy mostra grande curiosità per il percorso di Benjamin, gli fa un sacco di domande, e si mettono a chiacchierare fitto. La conversazione è fluida e amabile da quando Joy ha smesso di stare appiccicata al suo schermo. Se è rilassata, in lei avviene una vera e propria metamorfosi! È un fenomeno affascinante da osservare.

Il cameriere porta il menu dei *bariolés* dolci, e una frase attira l'attenzione di Benjamin, che legge a voce alta: «"Il colore dei vostri desideri". Lo sa, Joy, qual è il colore dei suoi desideri?»

Lei resta per un momento perplessa, con gli occhi persi nel vuoto. «Il colore dei miei desideri...» ripete, come se parlasse a sé stessa. «Sinceramente, è da tanto tempo che non mi pongo la questione...»

«Be', allora le ci vuole un campionario Pantone delle emozioni!»

«E che cosa sarebbe?»

«È una specie di "questionario di Proust", ma si usano i Pantone. Deve associare un colore a ognuno dei suoi desideri profondi. Per esempio, azzurro per il bisogno di evadere, la calma, la necessità di avere più spazio, il dolce far niente...»

«Il suo azzurro evasione mi piace parecchio, ma temo che non avremo il tempo di fare il mio campionario Pantone delle emozioni!»

Joy ora ha gli occhi puntati su quel guastafeste del suo orologio. Un po' deluso, Benjamin fa cenno al cameriere di portare il conto.

«Non fa niente! Ora che conosce il principio, ci può pensare anche da sola!»

Si mettono in viaggio verso il diciottesimo arrondissement per vedere la terza location. Mentre guida, Benjamin ha l'impressione di essere un autista: Joy, seduta accanto a lui, fa una telefonata dietro l'altra, tutte di lavoro. Non c'è dubbio, bisognerebbe impegnarsi parecchio per aiutare questa ragazza a riconnettersi con le cose davvero importanti della vita. Ascoltandola parlare, mette meglio a fuoco il problema. È troppo brava! Troppo prima della classe! Il suo modo di rispondere ai diversi interlocutori tradisce una volontà di fare bene così esasperata da essere patologica! "Dovrebbe darsi un po' di tregua!" pensa, stranamente irritato. "Cosa potrebbe mai succedere di grave, in fondo?" Benjamin si sorprende a rimuginare al volante. "Mi mette di cattivo umore vedere una persona che si rovina la vita così. Mi sembra di percepire che questa non è la sua vera natura... Ma che cavolo! Non ne so niente in realtà. So solo che è molto più carina quando sorride..."

Per un istante gli balena in mente un altro volto. Quello di Myriam. Perché pensa a lei proprio ora? Joy non le somiglia per niente, se non per il fatto che anche Myriam sorrideva di rado. Al tempo, quella specie di riservatezza naturale che le dava, a suo parere, un'aura di mistero e il fascino dell'inaccessibile, nonostante tutto, lo aveva sedotto. Myriam era stata il suo più grande amore e la sua più grande delusione. Si erano conosciuti a Parigi subito dopo che lei aveva fatto ritorno in Francia. Era una ballerina dal corpo sublime di una compagnia di danza contemporanea. Ovunque andasse, gli uomini si giravano a guardarla. L'eleganza, i bei lineamenti, i capelli biondi e fini come fili di seta... Lui si era perdutamente innamorato, senza rendersi conto che Myriam non ricambiava i suoi sentimenti con la stessa intensità. Ambiziosa, votata alla carriera, sognava la gloria internazionale e non aveva esitato un solo istante ad accettare una buona opportunità al di là dell'Atlantico. Benjamin l'avrebbe seguita in capo al mondo, anche se aveva appena ideato e fondato la sua società. Ma tutto si era sgretolato quando aveva scoperto che Myriam seguiva laggiù il direttore artistico per cui avrebbe lavorato: si frequentavano già da qualche tempo, senza che Benjamin se ne fosse minimamente accorto. Non si era mai ripreso da quel tradimento. Da allora non aveva più aperto il cuore a una donna e, tutto sommato, non se la passava male. Stava ben attento a limitarsi a frequentazioni superficiali e senza un futuro, che non lo esponessero al rischio di soffrire in modo insopportabile come gli era successo a causa di Myriam.

La visita alla terza location è brevissima: non ha niente a che vedere con quello che sta cercando Joy. Sceglie dunque senza esitazione la seconda. Non riesce ancora a crederci: contro ogni aspettativa è in anticipo sulla tabella di marcia.

«Posso tornare in ufficio e riprendere in mano i miei fascicoli!»

«Oppure no.»

Benjamin cerca di indurla in tentazione. Non sa bene perché, ma ha voglia di provare a spingerla un po' oltre i suoi limiti.

Lei lo guarda perplessa.

«Potrebbe, invece, approfittarne per fare qualcosa che non era previsto...»

«Che non era previsto?» ripete lei, come se quelle fossero le parole più strane mai sentite.

«Ma sì, un piccolo colpo di testa! Così, qualcosa di spontaneo!»

Fa schioccare le dita per aria, come per illustrare l'idea. Si accorge che il cervello di Joy ha ricominciato a fumare. Bisogna impedirle di pensare, ecco tutto. La prende per il braccio e la trascina via.

«Ma insomma! Dove andiamo?»

Benjamin gioca la carta del mistero. «Torniamo all'infanzia...»

16.

Arriviamo davanti alle porte di un hangar in un improbabile cortile interno del diciottesimo arrondissement. Il luogo fa pensare a una specie di vecchia stalla ristrutturata. La giornata è fredda e il fiato si condensa davanti alla nostra bocca. Mi chiedo ancora perché ho seguito questo energumeno con l'impulso di bigiare il lavoro; penso alla montagna di cose da fare che mi aspetta in agenzia e un'ansia familiare inizia a opprimermi il petto. Ce la farò? Sarò all'altezza del compito?

«Ehi? Yu-hu? C'è qualcuno in casa?»

Il dono particolare di Benjamin è il suo buonumore contagioso. Riesce a scacciare le nubi grigie che si stanno addensando sulla mia testa e a riportarmi al presente.

«Sono contento di vedere che è di nuovo tra noi!» dice divertito. «Pensavo di averla persa.»

«Sì, mi dispiace. Stavo pensando a tutte le cose che ho da fare e...»

«Ehi», mi interrompe lui, «adesso lei è qui con me, in un bel posto, e ha una cosa sola da fare...»

«Quale?»

«Godersela.»

Entriamo nell'hangar. Lo sbalzo termico è notevole: la sala è decisamente ben riscaldata. Mi sto domandando perché siamo venuti qui quando vedo un cartellone che mi svela qualcosa di più riguardo a ciò che ci aspetta.

ESPO BRAILLE
L'EMOZIONE SULLA PUNTA DELLE DITA

Non nascondo la mia sorpresa. Faccio per dirigermi verso un piccolo banco, dove una ragazza vende i biglietti per la visita, ma Benjamin mi anticipa. Le sussurra qualche parola, lei fa un gran sorriso, sparisce dietro il tendaggio che sta alle sue spalle e riappare dopo un istante. Insieme a lei c'è un uomo alto, incredibilmente elegante in una larga camicia bianca con jabot. Si avvicina a Benjamin e gli tasta le spalle con le mani, poi spalanca le braccia.

«Benjamin, amico mio! Sei riuscito a venire nonostante tutti gli impegni di lavoro?»

«Certo che ci sono riuscito. Non mi sarei perso la tua mostra per niente al mondo!»

I due uomini si girano verso di me e Benjamin fa le presentazioni. Mi stupisco sentendolo definirmi «un'amica». Al tempo stesso, mi rendo conto che non poteva certo dire: "Lei è Joy, una cliente un po' rompiscatole ma simpatica che in questo momento dovrebbe essere in ufficio a sgobbare come un mulo; ma io ho sentito che aveva bisogno di una pausa, così l'ho portata con me".

L'uomo si chiama Yvon.

«Piacere!»

Yvon anticipa argutamente la mia domanda. «Sono ipovedente, ma posso assicurarle che non mi perdo nemmeno un briciolo del mondo!»

Trasalisco quando pianta i suoi occhi azzurrissimi nei miei: ha uno sguardo magnifico, di un'intensità sconcertante. Mi prende una mano tra le sue. I palmi grandi e caldi sprigionano una sensazione dolce e rassicurante.

«Gli amici di Benjamin sono miei amici.»

Mi colpisce che mi accolga con tanta gentilezza, quando nemmeno mi conosce.

«Ci fai tu da guida nella visita?»

Yvon si muove senza alcuna difficoltà. Ammiro il portamento, l'incedere spedito; io non ho nemmeno la decima parte della sua sicurezza. Da quanto tempo ho l'impressione di muovermi a tentoni nella vita, come se avanzassi nella nebbia opaca dei miei desideri troppo vaghi? Senza volerlo, a pranzo Benjamin mi ha punta sul vivo con la sua domanda sul colore dei desideri. Come potrei assegnare loro un colore se non riesco nemmeno più a identificarli? Pensavo di aver ottenuto tutto ciò che volevo quando sono stata assunta da una prestigiosa agenzia che mi avrebbe permesso di entrare in contatto con tante celebrità e personalità di spicco e di bazzicare un ambiente altolocato così ambito. Ma ambito da chi, e perché? Non saprei più dirlo...

Benjamin mi tira per la manica e mi fa avvicinare a una scatola nera di circa un metro d'altezza, ottanta centimetri di larghezza e trenta di profondità attaccata al muro. Sulla faccia anteriore ci sono due buchi abbastanza grandi da poterci infilare le mani. Accanto alla scatola c'è un tavolino su cui sono appoggiati fogli da disegno e pastelli colorati.

Mi aspettavo di vedere dei quadri e resto un po' interdetta davanti a questa serie di scatole nere.

«Non capisco.»

Yvon mi sorride con adorabile indulgenza. «È normale. È perché non c'è nulla da capire, c'è solo da *sentire.*»

«Sentire?»

«Sì! Forza, metta le mani lì dentro e mi dica cosa sente.»

Chiudo gli occhi per concentrarmi meglio, ma tutto quel che sento, per adesso, è lo sguardo dei due uomini su di me, in attesa delle mie reazioni. Benjamin deve essersi accorto del mio imbarazzo, perché mi appoggia una mano sulla spalla e mi sussurra gentilmente all'orecchio di non far caso a loro. Peccato che sia impossibile: tentativo fallito. Sul fronte delle sensazioni, invece, ha fatto centro: percepisco subito il calore della mano di Benjamin. Yvon sarebbe contento: la mia mente si è messa in modalità cinestetica.

«Allora?»

La voce della nostra guida mi riporta all'esplorazione. Avverto dei rilievi sotto i polpastrelli. Rapidamente le dita si sostituiscono agli occhi e delineano un'immagine mentale.

«È un viso?»

«Sì! Bene! Continui...»

Cosa ancor più sorprendente, in questa sorta di bassorilievo che scopro alla cieca sento delle differenze di temperatura tra una zona e l'altra. Yvon mi spiega che ha cercato il modo di riprodurre quella che in pittura è la nozione dei toni caldi e freddi.

«Così mi è venuta l'idea di creare una serie di ritratti "termici". Grazie a leggere variazioni di temperatura, lei al tatto può farsi un'idea della disposizione dei colori nell'opera. Il tono più caldo è il rosso, il più freddo il blu.»

Sono affascinata. E in effetti il ritratto si disegna sempre più nitido nella mia mente, con sorprendenti capelli in toni freddi (direi azzurro-violaceo) e un viso in cui immagino prevalga il rosso, tanto mi brucia sotto le dita, e che per il resto è piacevolmente tiepido, forse di un giallo aranciato.

Tiro fuori le mani e incrocio lo sguardo di Benjamin, che visibilmente sta aspettando di sapere cosa ne penso.

«Ma è fantastico!»

Sembra contento che io apprezzi l'esperienza. A sua volta, infila le mani nella scatola nera. Approfitto del fatto che abbia gli occhi chiusi per osservare le emozioni che gli passano sul viso. È una mostra nella mostra. Essendo Benjamin molto espressivo, è divertente guardarlo mentre «sente».

Quando ha finito, Yvon ci propone di disegnare con i pastelli ciò che pensiamo di aver visto. Sono un po' riluttante. Sempre il mio timore di non essere all'altezza!

«Fate finta di essere dei bambini di otto anni!»

In effetti non si è mai visto un bimbo che si agita all'idea di prendere dei pastelli e iniziare a usarli. Forse è proprio per questo che i bambini disegnano tanto. Poi, con il tempo, lo sguardo degli altri diventa un problema; è senz'altro paura del giudizio.

Credo che Yvon si sia accorto della mia ansia, perché sdrammatizza con una battuta. «Divertitevi! A che serve preoccuparsi del risultato? Tanto il vostro disegno lo vedrò solo in minima parte.»

Quando dopo qualche minuto posiamo i pastelli, scoppiamo a ridere davanti alle rispettive creazioni.

«Andiamo ad appenderle insieme alle altre.»

Un'intera parete è ricoperta dai «ritratti percepiti» dei visitatori. I disegni, alcuni terribili e un po' scarabocchiati, esprimono comunque emozioni intense e trasmettono sensazioni forti.

Yvon alla fine ci mostra un interruttore sul lato di ogni scatola, che permette di illuminare l'interno, e uno spioncino per ammirare l'opera reale.

«È bellissima! Ma penso che ora mi piaccia di più da toccare!»

Scriviamo una frase entusiastica nel libro dei visitatori e poi Yvon ci accompagna verso l'uscita. Ci cinge le spalle con le braccia, come se conoscesse anche me da una vita.

Il suo sguardo, nonostante le limitazioni visive, è pieno di calorosa benevolenza. Sarei pronta a giurare che ci stia... benedicendo! Di colpo, capisco. Ci ha presi per quello che non siamo, una coppia! Riprendo subito le distanze e faccio capire a quei due signori che è ora che io torni al lavoro. Benjamin annuisce, ma noto che si immusonisce un po'. Mentre ci allontaniamo, Yvon non può esimersi dal declamare, con voce allegra, la celebre frase di Saint-Exupéry: «E non dimenticate, amici, "si vede bene solo col cuore. L'essenziale è invisibile agli occhi..."».

In auto, dopo qualche istante di silenzio, mi rilasso di nuovo. Benjamin ha acceso la radio e canticchia gioiosamente. Quest'uomo deve emanare delle onde positive, perché mi fa venire voglia di sorridere. La pausa mi ha fatto un gran bene: è stato bello sfuggire per un po' all'atmosfera opprimente dell'agenzia.

«Grazie per quest'esperienza. È stata davvero piace...»

Nella mia borsa, il telefono inizia a vibrare, emettere *bip* e squillare, tutto assieme, come se volesse vendicarsi della boccata di libertà che mi sono concessa. Per la prima volta da tanto tempo, rifiuto di essere l'assistente devota, sempre pronta, sempre sul pezzo, che si può disturbare a piacimento.

«Non risponde?»

«Possono aspettare. Ho voglia di prolungare un po' questo momento di calma...»

Benjamin sembra apprezzare la scelta. «Lei riceve una quantità di telefonate impressionanti.»

«In effetti i colleghi dell'ufficio mi chiamano per ogni minima cosa...»

«Ed è così tutto il giorno?»

«Ah, sì, e spesso anche fino a molto tardi la sera!»

«Non ha mai provato a mettere dei paletti?»

«In che senso?»

«Dare dei limiti, dire no, in sostanza!»

Mi stringo nelle spalle in segno di impotenza. «No», ammetto con disarmante sincerità.

«Lo vede, che è capace di dire di no?»

Rido. E mi fa così bene ridere!

Mi rendo conto che, invece di riaccompagnarmi in ufficio, sta parcheggiando non lontano dalla grande piazza del quartiere dove hanno montato i mercatini di Natale.

«Che cosa fa?»

«Be', mi sembra chiaro, no? Andiamo a fare merenda! Qui servono deliziosi *churros* con un bicchiere di sidro caldo...»

«Ma non posso!»

Lui fa finta di tapparsi le orecchie, scende e viene ad aprirmi la portiera. «Sa qual è il suo problema, Joy?»

«Quale?»

«La sindrome della prima della classe...»

Mentre mi trascina attraverso i banchetti, prosegue nella sua spiegazione.

«Ho l'impressione che a forza di voler fare tutto bene, lei finisca per rovinarsi...»

«Sì, è vero che voglio fare bene, ma non mi sembra una cosa negativa...»

«Quando diventa troppo, lo è! Voler controllare tutto, gestire tutto, è impossibile e mette una pressione infernale nella vita quotidiana. Non so se capisce cosa intendo...»

Mi sento arrossire leggermente e affondo il naso nella sciarpa perché non veda il mio imbarazzo. Lui prosegue implacabile il discorso.

«Sono sicuro che lei ha un incredibile carico mentale. Non mi sbaglio, vero?»

«E come lo sa?»

«Be', l'ho visto nella sua app Busybrain quando si è dimenticata il cellulare il giorno in cui ci siamo conosciuti.»

Tende una banconota alla ragazza dello stand dei *churros*, e andiamo ad appoggiare la roba su un alto tavolino messo a disposizione dei clienti.

«Non ho curiosato, ma a un certo punto sullo schermo è apparso un grosso palloncino rosso! Oltre a un numero impressionante di notifiche. Joy, ma per curiosità, lei quante app ha sul telefono?»

Per non rispondere affondo i denti in un *churro* bollente e quasi mi ustiono la lingua. Lui deve accorgersi di aver toccato un punto sensibile e non molla l'osso.

«Joy?»

Mando giù un bel sorso di sidro caldo e continuo a non rispondere.

«Joy?»

«Molte», dico, controvoglia.

«Di che genere?»

Mi schiarisco la voce. «Soprattutto app come Busybrain, per gestire il tempo, organizzare le cose da fare, app che mi rassicurano...»

Benjamin sembra prendersi il tempo per metabolizzare le mie parole mentre mi fissa intensamente. Mi piacerebbe distogliere lo sguardo, ma non ci riesco. Non voglio che colga la mia vulnerabilità. Inizio a sentire un bruciore agli angoli degli occhi. Cerco di ignorarlo. Poi mi si stringe la gola e una grossa lacrima mi riga la guancia. Non sono riuscita a trattenerla! Ci passo sopra il dorso della mano. Ne arriva un'altra, che lui con delicatezza asciuga col pollice. Tiene il palmo caldo posato sul mio viso e si china verso di me. Riesco a vedere le sfumature ambrate dei suoi occhi chiari. O forse è il riflesso delle lucine degli stand...

«Ehi, Joy? Mi guardi. Non c'è niente di male, okay?»

Mi mormora quelle parole di conforto come se parlasse a una bambina. Annuisco, sforzandomi di sorridere attraverso le lacrime, che ora scorrono, traditrici. Lui continua ad asciugarmele col pollice. Com'è possibile che nel giro di così poco tra noi si sia instaurato un tale clima di vicinanza e complicità? È surreale, ma mi tranquillizza.

«Joy, lei è giovane, bella...» Faccio di no con la testa. «Sì, sì, è bella, ha il futuro nelle sue mani...»

«Lei... lei lo dice solo per tirarmi su di morale... ma non sono fatta per la felicità! È così... Non so che farci.»

Il mio tono rassegnato gli fa corrugare la fronte. «Ah, quindi una mattina si è svegliata e ha messo la spunta alla casella "infelice"?»

Mi scappa uno strano risolino. «Ma no...»

«Allora non è affatto detto che sia così.»

Riflette mentre addenta il *churro*, poi parla con la bocca piena. Non posso impedirmi di fargli notare che non si fa. Lui ride.

«Vede, Joy, è proprio questo che intendo dire. Lei dev'essere sempre la prima della classe, si applica troppo. Basta vedere quella mania delle app: un sistema superblindato e soprattutto, anche se a lei sembra il contrario, iperstressante!»

Lo guardo con aria interlocutoria: è molto gentile da parte sua, ma tutto questo non mi aiuta a capire come comportarmi. Non posso impedirmi di chiederglielo esplicitamente. «E mi dica un po', genio della lampada, cosa dovrei fare allora?»

Lui sorride, fiero della sua trovata. «Dovrebbe "disapplicarsi"!»

17.

La notte che segue è piuttosto travagliata. Continuo a girarmi e rigirarmi nel letto. Impossibile mettere i pensieri in modalità OFF. E a ragione! La giornata passata con Benjamin mi ha fatto un gran bene e al tempo stesso mi ha sconvolta. Standogli accanto qualche ora sono rimasta colpita dalla sua capacità di vivere le situazioni con una sorta di tranquillo distacco, come se tutto gli scivolasse addosso. Anche lui doveva essere oberato di lavoro, eppure ha trovato lo stesso il tempo per concedersi un buon pranzo, andare a vedere una mostra e fare una merenda golosa ai mercatini di Natale... Seguire il suo esempio ha innegabilmente fatto salire l'asticella della mia energia. Rientrata a casa mi sentivo più lucida, come se quella pausa fosse stata una boccata d'aria fresca rigenerante. Purtroppo gli effetti benefici non sono durati a lungo: nel corso della serata una strana ondata di stress mi ha sommersa e mi sono sentita in colpa all'idea di tutti i progetti che avevo tralasciato a causa di quelle poche ore di libertà.

Ora guardo la sveglia, che segna le 4.30. Con gli occhi sbarrati fissi al soffitto provo una sorta di rabbia nei confronti di Benjamin, come se la sua facilità a prendere la vita dal verso giusto mi infastidisse. Lui ha il dono di essere felice, come altri hanno talento per suonare uno strumento o per imparare le lingue straniere. Sostiene che sono troppo «prima della classe». La cosa mi irrita: ci vuole un bel coraggio a dirmi questo dopo che gli ho raccontato della mia vita, del carico di lavoro dell'Ottava Sfera... E poi si sbaglia; a me sembra di essere più che altro una frana, soprattutto in materia di felicità. Furiosa, schiaccio la testa contro il cuscino. Benjamin è il capo di sé stesso: è molto più facile fare i fighi in questa condizione! Io devo obbedire, adattarmi alle richieste degli altri per non perdere il posto... Quanto margine ho per determinare le cose, eh? Mi agito tra le lenzuola, tormentata dall'insonnia. Alle cinque di mattina, stufa marcia, butto di lato la trapunta e mi alzo per andare in cucina. Apro il frigorifero alla ricerca di un qualunque cibo tranquillizzante. Opto per uno yogurt bianco. Non si sa mai, il bifidus magari funziona anche per i nervi a fior di pelle, va' a sapere. Aggiungo una tonnellata di zucchero. Sul potere confortante dello zucchero non ci sono dubbi. Mi rannicchio sul divano e mi mangio lo yogurt, tremando di freddo. Dove ho messo quello stupido plaid? Ah, sì. A lavare, certo. Cerco di coprirmi con i quattro cuscini, ma la strategia si rivela poco efficace. Continuo a rimuginare. "Disapplicarmi, disapplicarmi..." Questa è bella! Si è reso conto dell'effetto che poteva avere su di me il suo gioco di parole? In tutta onestà, mi sono sentita ferita quando ha tirato fuori la storia della prima della classe un po' sfigata. Torno a letto, incapace per il momento di farmi passare il nervoso! "Solo la verità ferisce", mi dice una vocina interiore che avrei voglia di mettere a tacere a mazzate. Afferro il cellulare con mano febbrile. Deve pur esserci una app che aiuta a prendere sonno, no? Ne trovo decine. La cosa mi fa girare la testa, quasi mi viene la nausea. Mi sento sola e triste, mi piacerebbe che ci fosse qualcuno qui con me. Ma so che non c'è nessuna app che possa abbracciarmi... Decido di provare a fare qualche respiro profondo. Dopo un po', la tempesta che ho dentro sembra iniziare a placarsi. Un'altra vocina prende il sopravvento. "E se invece di arrabbiarti gli chiedessi cosa intendeva dire esattamente?" Sì, l'idea mi va a genio. In ogni caso, devo andare all'atelier per continuare i preparativi delle nostre creazioni testuali. Con disinvoltura, coglierò l'occasione per fare due chiacchiere.

18.

Quando Benjamin apre la porta a Joy, è come se una folata di negatività entrasse nel suo nido. Pazzesco. Che differenza rispetto alla volta prima! Joy ha cambiato faccia. Quella gioiosa non ha retto.

Benjamin fa finta di niente e si avvicina per aiutarla a togliersi il cappotto. Ma lei lo schiva, preferisce arrangiarsi da sola, e alla fine lancia in malo modo l'indumento sul divano dell'ingresso. Poi rifiuta un caffè ancor prima che glielo proponga.

«Oggi sono davvero di corsa e *dobbiamo* assolutamente andare avanti.»

Benjamin pensa che dal suo vocabolario andrebbero eliminati tutti i «bisogna» e i «devo», che hanno il potere di mettere una terribile pressione alle persone.

Si siedono davanti a un computer. In effetti, *devono* fare il punto sul Brandscape, il paesaggio di parole 3D sui valori dell'impresa. Benjamin ha creato una composizione grafica originale giocando sulla scala di grandezza di varie parole. Joy lancia uno sguardo critico all'insieme e comincia a dettare le sue modifiche. Quant'è sgradevole quel lato da maestrina!

«Capirà anche lei che ci sono parole molto meno importanti di altre! Per esempio, "glamour" è decisamente troppo grosso rispetto a "eccellenza"!»

«Non c'è problema», risponde Benjamin, cercando di mascherare la sua irritazione.

Tra un *clic* e l'altro, l'ha osservata di sottecchi. Ha notato il modo in cui si agita sulla sedia, le occhiaie bluastre e quel lampo di tristezza, di malinconia, che ha nello sguardo. Sente benissimo che c'è qualcosa che non va. La sua maschera non regge. Di colpo gli sembra intollerabile che lei reciti un ruolo che non le appartiene. Non ne può più di vederla così: la preferisce quando abbassa la guardia e lascia emergere la Joy autentica. Sposta il mouse e si alza bruscamente dalla sedia. Lei sobbalza.

«Ora basta. Ci fermiamo qui!»

«Cosa?»

«Ci fermiamo qui, Joy», ribadisce Benjamin. «Lei non è in condizione di continuare.»

«Ma sì, invece. Non capisco la sua reazione! Bisogna assolutamente...»

«Stop! Almeno per oggi, ha esaurito la sua dose di "bisogna"! Non ha più diritto di usarne nemmeno uno!»

La prende per un braccio e la trascina verso la cucina. La fa sedere su uno sgabello, nonostante le proteste, e le tiene le mani sulle sue spalle per costringerla ad ascoltarlo.

«Joy, lei ha *bisogno* di prendersi il tempo necessario per dirmi cosa c'è che non va!»

Joy lo guarda per un momento a bocca aperta. Poi, come si aspettava, Benjamin vede la maschera cadere. La sua pseudoaggressività è solo una corazza che nasconde tristezza e dolore, ne è sicuro.

Dopo un ultimo tentativo di mantenere il controllo, Joy viene sopraffatta dalle emozioni e inizia a parlare.

«Quello che mi ha detto l'altro giorno... sul fatto che devo disapplicarmi... insomma... mi ha rimandato un'immagine non tanto positiva di me stessa!»

«Mi dispiace, Joy. Non era certo questo l'effetto che volevo ottenere, bensì l'opposto!»

«Trova davvero che io sia pallosa? Una secchiona un po' sfigata?»

Benjamin scoppia a ridere, ma l'espressione seria di Joy gli fa capire che è importante smentire al più presto. «Proprio per niente! In tal caso, pensa che avremmo passato una così bella giornata insieme? Le dirò cosa succede, Joy...»

«Cosa?»

«Succede che, non so perché, qualcosa in lei mi ha colpito fin dall'inizio. È solo una sensazione, ma mi sembra che ciò che vuol mostrare di sé stessa, questa specie di personaggio che si è creata da quando lavora all'agenzia, be', non le corrisponda. Insomma, non è realmente lei...»

«In che senso *non sono realmente io*?»

«Nel senso che recita un ruolo. È come se la vera Joy l'avesse persa per strada, un po' rinnegata... È per questo che ha così spesso un'aria triste.»

«Davvero ho un'aria triste?»

«Non sempre. E mi piace moltissimo quando alle volte si dimentica di tenere tutto sotto controllo, quando si lascia stupire, perché allora la gioia torna sul suo volto, insieme a quel bel sorriso che lo illumina tutto. Un po' come la luce del sole che filtra attraverso un cielo pieno di nuvole scure... Capisce cosa intendo?»

Benjamin si ferma a riflettere sulle sue stesse parole mentre con le mani tratteggia in aria quel paesaggio immaginario. Sul serio le ha appena detto a voce alta ciò che pensa? Non è del tutto fuori luogo parlare in questo modo a una cliente? Maledetta la sua spontaneità! Si morde il labbro e guarda Joy dritto negli occhi per cercare di intuire che effetto le ha fatto. Un silenzio imbarazzato cala su di loro, interrotto all'improvviso dal rumore della porta dell'atelier che si apre.

19.

Carmen entra tenendo sottobraccio il casco della moto, seguita da Rayane. Sono arrivati più o meno nello stesso momento e hanno deciso di portare dei croissant. Vedendo Benjamin e Joy, Carmen coglie all'istante la situazione: la scena è inequivocabilmente quella di un momento di confidenze, con i due protagonisti chini l'uno verso l'altra come per creare un clima di intimità; gli occhi della giovane donna sono cerchiati e lucidi per l'emozione. Carmen comincia a conoscerlo, il suo Benjamin, dopo tanto tempo, e non ha bisogno di un manuale per capire quanta attenzione riservi a quella ragazza. Va detto che in effetti lei ha un non so che di particolare, anche se non saprebbe definirlo, qualcosa che è a tratti fastidioso, a tratti commovente... È probabile che anche Benjamin lo percepisca. Li guarda insieme e si ritrova a incrociare le dita. È che gli vuole un gran bene, al suo Benjamin, e non riesce a capacitarsi che uno come lui possa essere ancora solo. Un così bel ragazzo, con un cuore grande, sveglio, solare... Un giorno, quando Carmen ha provato a indagare, Benjamin è stato piuttosto evasivo. Ma le è parso di capire che lui aveva avuto una storia infelice con una donna molto bella, e un po' troppo consapevole della propria bellezza, che lo aveva lasciato spezzandogli il cuore. Da allora il suo Benjamin non ha voglia di correre rischi. Prende la vita come viene e fa in modo di non affezionarsi troppo. Il ragazzo però non sa ancora che prima o poi un cuore ha bisogno di un porto tranquillo, perché se si dà per troppo tempo alla pazza gioia finisce per avvizzire. Lei ne sa qualcosa: per paura di soffrire si è impedita di amare e così ha perso quello che avrebbe potuto essere l'uomo della sua vita. Spesso ha riascoltato *Maintenant je sais* di Gabin, e ogni volta le fa venire le lacrime agli occhi. Soprattutto la strofa che dice che quando si è amati splende sempre il sole. E non lascerà che Benjamin commetta il suo stesso errore...

Rayane si avvicina al tavolo della cucina e si siede su uno degli alti sgabelli.

«Allora, che cosa succede qui?»

Lancia sguardi interrogativi al suo amico. Lui, Carmen e Benji ormai sono come una famiglia. Condividono tutto da qualche anno a questa parte. Rayane è orgoglioso di far parte dei piccoli Max. Pur non avendo lo stesso sangue, hanno la stessa filosofia: vivere più liberi, essere più solidali, più felici. Lui e Benjamin si sono conosciuti diversi anni prima durante un torneo di oratoria. La giuria non era riuscita a decidersi e avevano finito per vincere *ex aequo*. Avevano festeggiato davanti a un buon bicchiere, e un'appassionata discussione sull'amore comune per le parole e la poesia li aveva tenuti svegli fino all'alba suggellando l'inizio di una grande amicizia. In seguito l'idea di mettere in piedi un'attività insieme era sorta spontanea. Che gioia lavorare con le persone che hai scelto e con cui sei sulla stessa lunghezza d'onda! Tra loro non c'era nemmeno l'ombra di una rivalità, preferivano giocare la carta della complementarità. Rayane aveva un umorismo piuttosto corrosivo, ma Benji aveva finito per abituarcisi e si lasciava «maltrattare», malgrado non gli mancasse la capacità di replicare a tono. Tra i piccoli Max regna una profonda leggerezza: prendere le cose a cuore sì, ma mai troppo sul serio. Forse è proprio quello che manca a Joy. Carmen l'ha incrociata solo tre volte nell'atelier, ma le è parso di notare una sorta di impazienza, di tensione in lei, come se qualcosa la bloccasse. Peccato, perché le è capitato di vederla ridere di cuore con Benjamin, e in quei momenti le è sembrata davvero diversa... "Bisogna tirarla fuori dal suo contesto", si dice soprappensiero. "Provare a scuoterla, sparigliare le carte." Ma per ora vuole capire un po' meglio cosa sta succedendo, tanto più che il suo amico sembra piuttosto coinvolto nella faccenda. E ciò che riguarda il suo amico, be', riguarda lei.

«Allora, Joy, come va stamattina? Interrompiamo qualcosa di importante?» mi apostrofa Rayane.

Ha una faccia simpatica, questo Rayane. Rettifico: hanno tutti e tre una faccia simpatica. La faccia di persone di cui ci si può fidare ciecamente. Mi guardano con aria benevola, con una familiarità che mi dà l'impressione di essere già dei loro... È strano sentirsi accerchiata e trovare la cosa piacevole. Mi tengono gli occhi puntati addosso, in attesa che parli. Ma insomma! Mica posso mettermi a sbandierare ai quattro venti il mio *spleen* del popcorn! Li conosco appena... Mi alzo in piedi e tento di schivarli con la tecnica collaudata dell'«è tutto a posto».

«Bene, grazie mille, non ho niente di particolare da raccontarvi, e poi abbiamo un sacco di lavoro da fare. Propongo di rimetterci subito all'opera. Siete molto gentili a interessarvi a me, in ogni caso...»

Flop totale. Non li ho affatto convinti. Benjamin, sempre con la sua irresistibile dolcezza, mi prende per il polso e mi impedisce di allontanarmi.

«Ah, ma io non sono per niente d'accordo. Penso che lei abbia delle cose molto stimolanti da raccontarci sulla sua agenzia, e noi saremmo felici di ascoltarla!»

Sono talmente in armonia tra loro che annuiscono all'unisono, come se avessero fatto le prove prima di recitare la scena.

«E sono certo che insieme troveremo qualche buona idea per aiutarla a disapplicarsi...» aggiunge Benjamin.

In poche parole, ha messo al corrente i suoi amici della faccenda della «disapplicazione». Carmen e Rayane mi rivolgono quel tipo di sguardo compassionevole che si riserva a chi si vorrebbe aiutare. Io mi rigiro tra le mani lo smartphone, provando la forte tentazione di far partire la app False Call, che permette di ricevere una chiamata finta nelle situazioni imbarazzanti, come una riunione interminabile, un tête-à-tête noioso... o un amichevole interrogatorio! Ma l'atelier ha un effetto tutto particolare su di me: quest'atmosfera calda e accogliente, queste persone così aperte, empatiche, spontanee... Dopotutto sarebbe così bello essere ascoltata, per una volta, invece che dover ascoltare sempre e solo gli altri. Mi siedo e, lentamente, comincio a descrivere com'è la mia vita all'Ottava Sfera...

Durante il mio racconto non dicono una parola. Prestano attenzione alle caratteristiche di ciascun personaggio della storia e a tutti gli aneddoti: VIP' che non la smette mai di farmi sentire inadeguata, Taser che mi riversa addosso il suo stress e quotidianamente condivide tutte le sue rogne ciucciando a pieno ritmo la mia energia, Cataretta che lascia dietro di sé una scia di pessimismo e fumo di sigaretta, FF, lo stagista scansafatiche, che approfitta della mia gentilezza per fare meno di niente, e poi i Badass, V. & U.

«Per loro il lavoro non è mai troppo...»

Parlo del *management stretch*, della tendenza a tirare la corda senza alcuna remora. Tratteggio la personalità snob di V. che sembra provare gusto a ignorarmi e che deve avermi dato tre segni di riconoscimento in sette anni.

«Quanto a Ugo...»

Mi interrompo, incapace di andare oltre, con le guance in fiamme, imbarazzata all'idea di parlare della mia relazione. Farfuglio, affastello frasi poco sensate, ma a quanto pare Carmen capisce benissimo.

«Ha una relazione con lui, insomma!»

Lo ha detto con una franchezza disarmante.

«Non c'è motivo di vergognarsi, sa! Non sono certo nata ieri! E lei non è la prima ad avere una storia col capo!»

A disagio, lancio uno sguardo a Benjamin, ma lui non sembra per nulla turbato.

«Be', visto quello che ci racconta, non mi stupisco affatto che abbia un sacco di pensieri che le frullano in testa!»

«In effetti ce n'è ben donde», rincara Rayane, strofinandosi gli occhi come se volesse cancellare l'immagine di quelle personalità così ingombranti.

«Sì, ma non bisogna cadere nella trappola del "ce n'è ben donde"!»

Guardo Carmen con aria interrogativa.

«In che senso?»

«Nel senso che non è una giustificazione per farne una tragedia! Anch'io alla sua età prendevo tutto troppo sul serio. E poi un giorno sono andata a trovare mio nonno per raccontargli il mio dramma del momento: un ragazzo che mi piaceva aveva deciso di uscire con un'altra. Con la sua voce piena di umorismo e di saggezza lui mi ha detto: "Ma, bambina mia, cosa penserai di tutto questo fra sei mesi? E fra un anno? E fra dieci?". Da quel momento mi sono ripromessa che nella vita avrei cercato di avere un maggior distacco dagli eventi, perché spesso le cose alla fine sono molto meno gravi di quello che crediamo.»

Cala il silenzio. Rayane lo rompe tamburellando con le dita sul tavolo e poi esclama gioiosamente: «Ecco una bella storia, cara la mia Carmen!».

«In ogni caso, a me ha fatto venire in mente un'idea per una prima mossa...»

Giro la testa verso Benjamin, incuriosita.

«Dovrebbe provare la tecnica dello Specchio riflesso.»

I tre piccoli Max scoppiano a ridere con aria complice. A quanto pare, la conoscono tutti.

«E cosa sarebbe?»

I tre cospiratori si chinano verso di me e rispondono in coro: «Le spiegheremo...».

20.

«Si diverta!» mi ha sussurrato Benjamin ieri mentre me ne stavo andando. È la prima volta che arrivo al lavoro con questo stato d'animo. Eppure sento che quello che mi hanno suggerito è un concetto che vale la pena approfondire. Il principio è semplice: approfittare della situazione in modo che la situazione non approfitti di me! In altri termini, tornare a condurre il gioco, a guidare le danze, a essere la regina del ballo! Smettere di subire i comportamenti degli altri.

So quel che devo fare, ma ora che si tratta di passare all'azione mi viene addosso di colpo una specie di fifa, come se fossi un'attrice che sta per salire sul palcoscenico. Un miscuglio di paura ed eccitazione. Corro un bel rischio: nessuno dovrà sospettare che io stia recitando. Oggi la macchinetta del caffè avrà un ruolo fondamentale: è qui che i deboli e i forti si ritrovano assieme. Quelli che divorano e quelli che sono divorati. Ho sempre più voglia di cambiare categoria e di mostrare che, in questa giungla di bestie selvagge dalle zanne affilate, i più forti sono innanzitutto i più furbi.

Inserisco una monetina nella macchinetta e aspetto. Sorrido tra me e me quando vedo arrivare Taser. Non è possibile, sembra che abbia delle antenne per captare la mia presenza! Si avvicina, inserisce anche lei una monetina e come ogni giorno inizia il suo rituale preferito: ammorbarmi con ogni minimo dettaglio di tutto ciò che la angoscia, scaricandomi addosso fino all'ultimo grammo della sua ansia. In una delle mie vite precedenti devo essere stata Grande Orecchio, un personaggio di mia invenzione che appartiene a una tribù ancestrale e ha la missione di ascoltare le piccole sventure dei suoi compagni indigeni... Di solito cerco di interromperla per non lasciare che mi bruci ore di lavoro, ma è inarrestabile. Così ribollo dentro, impreco tra me, poi puntualmente mi rassegno, non riuscendo a toglierle la parola. Va detto che nel tempo ho anche cercato di trovare valide giustificazioni per questa mia mancanza di assertività: dopotutto, non era forse un segno di fiducia confidarsi con me? Non era forse il suo modo – per quanto sgradevole – di testimoniarmi la propria stima o addirittura una sorta di complicità? Oggi sono pronta a guardare in faccia la realtà: Taser mi ruba l'aria da troppo tempo e aspira la mia energia come se fosse un formichiere. L'ora dello Specchio riflesso è giunta. Me lo ripeto come se fosse una formula magica, un sortilegio. L'idea mi fa sorridere e mi dà il coraggio di provarci. Da qualche istante sto ascoltando Taser come non ho mai fatto. Sono concentrata su di lei, attenta a ogni sillaba che pronuncia. A differenza di quanto avviene di solito, non ho nemmeno provato a defilarmi dalla sua imboscata professionale. E a questo punto le tocco il braccio e mi avvicino molto al suo viso, fino a entrare nel suo spazio intimo.

«Anch'io devo parlarti, sai... È una cosa importante parlare tra colleghe, non trovi?»

Sbatte le palpebre, sorpresa. «Ehm, sì... certo...»

«Non immagineresti mai cos'è successo l'altro giorno durante le riprese della pubblicità di Vanessa...»

Vedo un bagliore di interesse negli occhi di Taser. Si aspetta che io le serva su un piatto d'argento qualche pettegolezzo gustoso riguardo a miss Paradis, ci metto la mano sul fuoco. "Specchio riflesso, Specchio riflesso", mi ripeto per farmi coraggio. Poi mi lancio in un'interminabile tirata sulle nefandezze del catering previsto per le pause di lavoro, uno sproloquio che condisco con i particolari più insignificanti che mi vengono in mente. Non appena vedo apparire l'abbozzo di uno sbadiglio, aumento la pressione sul suo avanbraccio per impedirle di sottrarsi al monologo punitivo che le sto scodellando sulle mie frustrazioni di addetta alle rogne più triviali, alla bassa manovalanza, costretta a occuparsi di pietanze che arrivano fredde e forchettine di plastica mancanti. Nel frattempo mi godo la mimica con cui tenta, in qualche modo, di mascherare l'imbarazzo, il totale disinteresse per ciò che le sto raccontando, con una sottile sfumatura di disprezzo. Una recitazione alla Godard.

«Ora devo lavorare!» quasi urla a un certo punto, prima di fuggire, furente, verso il suo ufficio.

Appena mi gira le spalle, sorrido. Per ora spargo i semi dello Specchio riflesso, poi si vedrà che frutti portano.

Trovo il mio stagista intento a girarsi i pollici. Mi siedo o, meglio, mi accoccolo sulla sedia. Tiro fuori una limetta per le unghie e inizio un'accurata manicure. Nella stanza si sente solo il rumore della limetta.

«Ma cosa fai?» mi chiede lui dopo un po'.

«Be', niente. E tu?»

«Lo stesso.»

Gli rivolgo un sorriso totalmente rilassato. Mi pare che la cosa lo metta un po' a disagio. Prende a frugare nei fascicoli che si vanno accumulando da giorni e comincia a metterci dentro il naso. Prova a porre una domanda.

«Sai se quelli di Tedybex hanno dato una risposta per la Masterclass Marx?»

Gonfio le guance spalancando gli occhi per comunicargli che non ne ho la minima idea.

«Sarà il caso di chiamarli?»

Continuo a recitare la mia parte da adolescente che brilla per indolenza. «Boh, sì, forse...»

E vado avanti con la manicure. Devo mordermi la guancia per non scoppiare a ridere e restare impassibile quando FF finisce per alzare lui la cornetta.

Nei giorni successivi proseguo l'esperimento con gli altri membri della squadra. Dopo un pranzo incrocio VIP' che indugia con il suo sguardo cattivo sulla mia pancia.

«Ehi, sei al primo trimestre?»

Cosa c'è di più offensivo per una donna che sentirsi dire che è incinta quando non lo è? Di solito faccio tutto il possibile perché VIP' non si renda conto di quanto le sue osservazioni mi feriscano, ma stavolta... mi diverto da matti a scoppiare in singhiozzi davanti a tutti i membri della squadra, che assistono interdetti alla scena. Esulto, perfino, nel vedere gli sguardi di disapprovazione che rivolgono a VIP'. La mia gioia arriva all'apice quando sento Ugo dirle che potrebbe avere un po' più di tatto.

È questa la magia dello Specchio riflesso: scegliendo di comportarsi in modo inatteso, insolito, imprevedibile, si finisce per influenzare anche il comportamento degli altri. Per esempio, si può recitare la parte della vittima, invece di lasciarsi vittimizzare per davvero. Oppure dire di no per affermare le proprie posizioni e i propri desideri. Così, durante una cena di lavoro con dei clienti importanti, sono stata l'unica a non ordinare il vino e a prendermi una Coca-Cola, per puro spirito di contraddizione. L'obiettivo non era farlo con discrezione, bensì gridarlo forte e chiaro. I tre piccoli Max mi avevano spiegato che l'essenziale è osservare poi come si modifica il comportamento degli altri, quali sono le loro reazioni.

Mi sono divertita anche a ignorare Virginia. Ho smesso di leccarle i piedi e di cercare la sua approvazione su ogni questione. Imito il suo modo di vestirsi vistoso e la guardo con sufficienza. Voglio farle capire che non ho nulla da invidiarle. Grazie a questo nuovo atteggiamento mentale, in netta discontinuità con il passato, la rimetto al suo posto senza bisogno di dire una parola. Gli effetti non tardano a manifestarsi, e mi accorgo che inizia a trattarmi in modo diverso; è come se a furia di imitare la sua personalità dominante cominciassi a guadagnarmi il suo rispetto.

Tutto ciò sembra molto positivo. A parte il piccolo dettaglio che ho mancato il mio obiettivo principale: Ugo. Mi ero immaginata di recitare il ruolo della donna che prende le distanze, che non risponde alle telefonate o, peggio, che gli tira un bidone. Peccato che non ci sia riuscita...

21.

Dopo il lavoro, Carmen ha dato appuntamento a Rayane in un bistrot vicino all'ufficio per parlargli del suo piano lontano dalla portata delle orecchie di Benjamin. La complicità che ha percepito tra lui e Joy l'ultima volta all'atelier l'ha definitivamente convinta che tra quei due la scintilla stia per scoccare; basta un piccolo aiuto, poi le cose verranno da sé. Carmen non riesce a impedirsi di mettere lo zampino nelle storie degli altri, è più forte di lei, tanto che gli amici la chiamano con affetto la Mezzana. Non ha intenzione di forzare le cose, vuole solo creare l'occasione affinché Benjamin e Joy passino del tempo insieme. Sarebbe così bello se tra quei due succedesse qualcosa! Carmen adora le storie romantiche. Da ragazza era un'appassionata lettrice di romanzi d'amore. Alcuni si sorprendono che una motociclista rockettara abbia un lato sdolcinato. In realtà, in questo caso, ciò che a Carmen proprio non va giù è che Benjamin resti l'unico dei tre piccoli Max a non avere nessuno al suo fianco. Perfino lei ha trovato un fidanzato! Un incontro inatteso, quando ormai non ci sperava più. Mai avrebbe creduto che un amore autunnale potesse essere così felice e passionale! Innamorata alla sua età... Sarà ragionevole? «Pazzescamente ragionevole», si diverte a dire. Ma non trova gusto a essere felice se le persone a cui vuole bene non lo sono: la felicità deve diffondersi! È quello che desidera per Benjamin.

Rayane la ascolta mentre gli spiega il suo piano. All'inizio è un po' recalcitrante. Ma cosa si è messa in testa? Quello che può o non può succedere tra Benjamin e Joy non è affar loro! In ogni caso, immischiarsi in queste cose è sempre controproducente! Ma quando Carmen ha un'idea in testa...

«Stai con Manon da più di un anno! Non sei stufo di vedere il tuo amico che regge il moccolo a ogni festa? Dobbiamo aiutarlo a rimettersi in pista, il nostro campione!»

«Carmen!» si risente lui.

«Be', che c'è? Non sei d'accordo?»

Costretto suo malgrado a darle ragione, Rayane beve un sorso prima di andare al sodo. «Be', allora cosa ti aspetti di preciso da me?»

«Vorrei che nei prossimi giorni tu organizzassi una serata *slive*...»

«Eh? Ma l'hai guardata bene quella ragazza, Carmen? Pensi davvero che possa funzionare? Per quel poco che ho capito, mi sembra una tipa davvero troppo controllata per partecipare a una cosa del genere...»

«Al contrario! E sono sicura che le farà bene! In più, tu saprai guidarla. Rimuovere i piccoli blocchi delle persone è il tuo pane! E, come sai, un momento così forte potrebbe consolidare il loro legame...»

Rayane ha l'aria dubbiosa. «Dimentichi però che se lei si chiudesse a riccio la situazione potrebbe precipitare, e a quel punto il nostro Benjamin se la prenderebbe con noi, e a ragione. Pensa cosa significherebbe per lui se la sua cliente diventasse ostile...»

Carmen svuota il bicchiere. «Io dico che corri troppo con la fantasia e ti fai un sacco di problemi. Fidati di me!»

Rayane le dà un buffetto affettuoso sulla guancia, come se fosse una ragazzina di dodici anni. «Ti stai divertendo, eh?»

«In effetti...» La sessantenne lo guarda con gli occhi brillanti, pieni di malizia.

«Okay, okay... Organizzo la serata *slive*, se ti può far felice!»

«Quello che mi farebbe davvero felice sarebbe vedere Benjamin che esce dal suo guscio.»

«Eccola, la mia moschettiera!»

Rayane la prende un po' in giro, ma Carmen sa bene che i piccoli Max ormai da tempo hanno adottato il motto «tutti per uno, uno per tutti.».

22.

Mi sveglio con la musica. Mentre mi preparo per andare all'agenzia, la radio suona a tutto volume. Di mattina mi piace metterla a palla, come se le onde sonore avessero il potere di dare uno scossone alle mie orecchie e, di riflesso, al cervello. Stanno passando *Être à la hauteur* di Emmanuel Moire.

Vado a spegnere. Non che non mi piaccia questo pezzo: oggi però ho deciso che non devo per forza essere all'altezza delle aspettative altrui; voglio essere semplicemente me stessa. «Fare del proprio meglio già non è male, no?» ha detto Benjamin ridendo ieri sera, quando sono passata dall'atelier. Che mi stia contagiando con la sua filosofia? Non lo so. Forse sono solo stanca di questo ruolo da prima della classe che mi grava sulle spalle da tanto tempo.

Quando arrivo in agenzia, vado subito verso la macchinetta del caffè. Taser è già lì. Quando mi vede, cambia espressione e si irrigidisce. Mi saluta in fretta prima di scappare in ufficio. Rido sotto i baffi degli effetti secondari dello Specchio riflesso. I piccoli Max mi hanno insegnato questa specie di mimetismo paradossale: comportandomi come B., le ho fatto capire quanto lei fosse insopportabile. Con il mio espediente è come se le avessi messo davanti uno specchio che ingrandisce la sua fastidiosa tendenza a utilizzarmi come una discarica per i suoi stati d'animo negativi. E questo mi mette, per ora, al riparo dalla sua aura tossica. Anche VIP' adesso cammina rasente il muro del corridoio quando mi incrocia. Il mio eccesso di emotività e quel torrente di lacrime hanno lavato via la sua cattiveria.

Stamattina ho davanti a me una prateria sconfinata di tempo per lavorare serenamente ai progetti in sospeso. E, udite udite, ho persino in animo di farlo con piacere, come non mi succedeva più da anni. Mi occupo di ogni cosa per bene: riordino la scrivania per renderla più gradevole, pulisco lo schermo del computer con uno spray all'eucalipto, che sa di pulito, sistemo i tre fiori che ho comprato venendo al lavoro in un vaso di fortuna... Mi stiracchio e respiro profondamente prima di mettermi all'opera. Ho anche deciso di boicottare l'infame macchinetta del caffè e portarmi da casa un buon tè verde aromatizzato, dal nome altrettanto delicato quanto il suo sapore: L'ombra dei ciliegi in fiore. Appoggio sotto lo schermo il sasso dipinto che ho acquistato nella bottega di un artista: sopra è scritta, con una bella grafia elegante, la parola «dolcezza», circondata da qualche decorazione. Ha la capacità di rilassarmi.

Quando alzo lo sguardo alle 12.30, sono soddisfatta di me. Non ero così efficiente da un pezzo. Oggi potrò perfino concedermi una vera pausa pranzo. Apro la borsa per controllare di aver portato i ticket e le mie dita trovano l'invito che Benjamin mi ha dato tre giorni fa,

«Rayane organizza un aperi-*slive* giovedì sera», mi ha detto. «Dovrebbe venire, se riesce, perché ne vale la pena! Di cosa si tratta? Preferisco che lo scopra da sola! E sarà anche una preparazione perfetta per la nostra animazione con le *magic punchlines*... Così uniamo utile e dilettevole!»

«Sì, sì!» hanno esclamato Carmen e Rayane con sguardo complice.

Mi rigiro il cartoncino tra le mani. Sono tentata di andarci, ma è alle 18.00! Troppo presto. Vorrebbe dire uscire dall'ufficio al più tardi alle 17.30. I piccoli Max però hanno parlato di un'attività liberatoria. È allettante... Per autorizzarmi a fare uno strappo simile dovrei mettere a tacere per un po' la piccola prima della classe che è dentro di me. E, a essere sincera, temo i commenti malevoli dei colleghi e la disapprovazione dei Badass... Ma perché mai mi preoccupo così tanto del giudizio degli altri e lascio loro così tanto spazio nella mia vita?

Il pomeriggio trascorre senza che io sia riuscita a decidermi. Alle 17.10 Cataretta fa irruzione nel mio ufficio con la faccia delle giornate storte e un faldone minaccioso sottobraccio. "Ahia", penso. "Ecco quello che taglia la testa al toro..." Mi assale, senza curarsi minimamente del fatto che io stia facendo altro.

«Devo parlarti. Subito. Cacharel vuole che rivediamo la nostra proposta. Ti rendi conto? È un disastro! Pare che tutti i testimonial che abbiamo suggerito siano troppo cari! Vogliono gente importante... ma spendendo meno!»

«Non è B. che segue questo progetto?»

Lui tossicchia, evasivo. «Devi darmi una mano, Joy!»

Provo una ridda di emozioni: mi salta la mosca al naso e al tempo stesso sono angosciata all'idea di trovarmi di nuovo invischiata in una faccenda del genere. «Quando si deve chiudere il contratto?» chiedo a denti stretti.

«Domani.» Cataretta mi guarda con i suoi occhi da furetto.

Io lascio che cali il silenzio.

«No.»

«Cosa?»

«No, non posso farlo.»

«In che senso non puoi farlo?»

«Stavo per uscire.»

«Uscire?»

È incredulo e contrariato, lo vedo dalle macchie rosse che gli chiazzano il collo fino all'attaccatura dei capelli. Il cuore mi batte a mille all'ora, ma cerco di non lasciar trasparire nulla. Come un disco rotto, ripeto il mio diniego, assumendo apposta un tono calmo e posato, senza nemmeno un'ombra di aggressività.

«Ma io come faccio?» esplode lui, sull'orlo di una crisi di nervi.

Conciliante, suggerisco una soluzione. «Magari chiedi di nuovo a B. se non c'è proprio possibilità che trovi un buchino nella sua agenda per gestire questa emergenza. Oppure prendi tempo con il tuo cliente; in tal caso potrei aiutarti.»

«Okay. Ci provo.»

Cataretta gira i tacchi, ammutolito per l'indignazione. Ho vinto una battaglia. L'ho fatto capitolare. Senza pensarci troppo, afferro la borsa e il cappotto per andarmene subito. Non si sa mai che decida di tornare indietro! Sono riuscita a dirgli di no stavolta, ma non è detto che il muro che ho eretto sia abbastanza solido da resistere a nuovi assalti! In corridoio incrocio Virginia.

«Te ne vai?»

«Ho una visita medica!» rispondo senza guardarla, per evitare che mi legga negli occhi che sto mentendo.

Mi ritrovo in strada a corto di fiato, dopo aver fatto di corsa le scale, come un ergastolano in fuga che inspira a pieni polmoni il senso di una libertà appena ritrovata. Devo percorrere ancora qualche metro per cancellare ogni traccia di senso di colpa. Arrivata all'indirizzo del misterioso aperi-*slive*, provo l'eccitazione inebriante di quando si marina la scuola e un'emozione che avevo quasi dimenticato: la gioia.

23.

Benjamin è seduto al bancone del bar su uno sgabello alto e sorseggia un cocktail guardando i partecipanti che prendono posto. Rayane organizza spesso questo tipo di attività e ha fatto un accordo con il locale, che dispone di una taverna per eventi privati. A poco a poco le persone arrivano e si sistemano a gruppetti attorno ai piccoli tavoli rotondi, tra amici. Sul palco, Rayane ha posizionato un microfono e, di lato, una sedia per sé. Benjamin sa in cosa consiste l'attività e già assapora i momenti che seguiranno. Percepisce l'eccitazione nell'aria. Le ordinazioni di bevande si accavallano. Oltre all'agitazione, nell'atmosfera si avverte anche un pizzico di paura, una cosa del tutto normale prima di un'esperienza simile. Rayane si sta muovendo sul palco e Benjamin riconosce un bastone della pioggia, una kalimba – uno strumento musicale africano che si suona con i pollici –, un djembe e delle maracas. Basta questo a conferire alla scenografia una nota poetica, annunciando un viaggio sonoro esotico e coinvolgente.

Benjamin non ha visto arrivare Carmen e sobbalza quando gli scocca un bacio sulla guancia. Per lei non esistono limiti tra la vita professionale e quella privata. E come rimproverarglielo? Anche lui è fatto così. Inoltre sa di essere diventato ben più che un datore di lavoro per Carmen. Forse è un po' il figlio che non ha mai avuto... La sua gioiosa risata scrosciante non passa inosservata, e due o tre persone si voltano senza che lei nemmeno se ne accorga. È venuta con il suo nuovo fidanzato Jean-Pierre, che presto è diventato J.P. Si sono conosciuti su un sito d'incontri per persone mature, ilsoledomani.com. Lei era stata a un passo dal swipparlo, eliminandolo con un veloce gesto del pollice verso destra. Per fortuna le prime righe della sua presentazione l'avevano incuriosita: «Giovane sessantenne che non conta gli anni, ma i giorni che lo separano dalla sua dolce dulcinea, sogna a occhi aperti il momento in cui la troverà e potrà ammirare insieme a lei il cielo e la terra azzurra come un'arancia, cancellare tutte le immagini, amare, amare fino a dimenticarsi di sé». Un uomo capace di ispirarsi a Paul Éluard per scrivere un messaggio su un sito del genere non è proprio comune. I successivi scambi erano presto sfociati in un primo appuntamento di persona. I due si erano subito riconosciuti nella loro particolarità: due sognatori, due cuori teneri sotto una scorza da rockettari. Lui è un motociclista tatuato, nonostante la serissima professione di banditore di aste giudiziarie: come lei, ha una personalità fatta di contrasti e la stessa sete di condivisione e di affetto. Si danno spesso appuntamento nel quartiere della casa d'aste Drouot per passeggiare insieme, mano nella mano, e mangiare qualcosa guardandosi negli occhi. A volte lui la fa entrare nel backstage di Drouot per mostrarle gli oggetti esposti e si estasiano insieme, felici di quella passione comune per l'arte e il bello, entrambi increduli della fortuna che hanno avuto a incontrarsi.

Con un sorriso a trentadue denti, J.P. stringe la mano a Benjamin. Ha proprio l'aria di un cuor contento. Alto e magro, con i capelli brizzolati e scarmigliati – e una leggera stempiatura che nulla toglie al suo fascino – e gli occhi brillanti... "Quei due si sono proprio trovati!" pensa Benjamin, felice per loro, mentre li osserva di sottecchi flirtare come adolescenti.

«Allora, *lei* viene?» gli sussurra Carmen all'orecchio.

Lei. È proprio a questo che Benjamin stava pensando. Sì, gli piacerebbe vederla arrivare stasera. Oserà buttarsi? Rayane va verso il microfono, le luci in sala si abbassano e un proiettore si accende illuminando solo il palco. La temperatura sale un pochino, mentre il pubblico applaude. Benjamin si agita sullo sgabello e lancia occhiate furtive verso la scala. Rayane si prepara a iniziare l'attività. Si diverte a usare il tono di voce dei grandi presentatori di spettacoli dal vivo, e la sua energia comunicativa accende gli spettatori.

«Benvenuti, signore e signori, a questa formidabile sessione *slive.* Allora, c'è qualcuno tra voi che sa di che si tratta?»

Gli astanti si agitano e rispondono di no in coro.

Rayane coglie l'occasione per prenderli un po' in giro. «Non avete idea di cosa stia per succedervi e siete venuti lo stesso? Ma bravi! Siete davvero coraggiosi!»

Il pubblico ride.

«Aperi-*slive*... cosa potrebbe mai essere? Provate a indovinare, almeno! Allora, secondo voi?»

Delle mani si alzano, ma Rayane decide di far rispondere proprio la persona in ritardo che in quel momento sta scendendo le scale.

«Ecco, signorina... Sa dirci cos'è lo *slive*?»

Quando Rayane le punta addosso il riflettore, lei, interdetta, si ferma sul gradino.

«Su, un bell'incoraggiamento!»

La sala applaude mentre Joy, rossa e senza fiato, tenta di sfuggire al fascio luminoso che le inonda il viso proteggendosi con il dorso della mano.

Benjamin salta giù dallo sgabello per andare ad accoglierla e da vero gentiluomo le tende una mano per aiutarla a fare gli ultimi gradini.

«Cosa dici, le lasciamo almeno il tempo di scendere?» dice al suo amico con tono ammiccante.

Tenere la mano di Joy nella sua è così dolce! Ma più dolce ancora è il sorrisino che ha sul viso e che, decisamente, trasforma del tutto la sua fisionomia. Per giunta, le sta davvero bene quel vestito rosso carminio che mette in risalto le sue forme.

Contro ogni attesa, Joy prende la parola. «Okay, provo a rispondere!»

Benjamin la guarda un po' stupito. Non avrebbe mai immaginato che si prestasse al gioco con tanta facilità.

«*Slive*... dentro c'è la parola *live*, "in diretta" in inglese, no? Ha qualcosa a che fare con l'improvvisazione?»

Rayane, sul palco, sembra soddisfatto del suo intervento, che gli dà un bell'assist per continuare la presentazione. «Ottimo, signorina! Ma che perspicacia! Come si chiama?» le chiede con un occhiolino complice. Pare che si diverta molto a far finta di non conoscerla.

«Joy.»

«Un altro bell'applauso per Joy, grazie! Ora che la nostra affascinante spettatrice ci ha messo la pulce nell'orecchio, posso rivelarvi cos'è lo *slive*, così saprete finalmente di che morte state per morire!»

Il pubblico ride, pur rivelando una leggera apprensione.

«Lo *slive* è un'improvvisazione poetica fatta su due piedi, che non necessita di alcuna preparazione. Dovete creare in base a ciò che c'è in voi in quel momento, lasciar venire ciò che arriva, senza censura! In questo si differenzia dallo *slam*, in cui il testo deve essere scritto prima di essere declamato oralmente...»

Piovono esclamazioni. Degli «oh», degli «ah». Nel pubblico, alcuni sembrano contenti, altri stressati, altri ancora ansiosi di provare.

«E gli strumenti musicali?» chiede un curioso.

«Vi accompagneranno nel vostro slancio poetico! Nello *slive*, c'è del suono, ci sono delle sensazioni e c'è del senso. Per prima cosa dovete connettervi alle vostre percezioni ed emozioni del momento. Provate ad ascoltare quel che succede dentro di voi, senza riflettere... A bloccare lo slancio creativo è spesso un eccesso di elaborazione!»

Rayane si siede su uno sgabellino e si mette a suonare piano i suoi strumenti a percussione, creando un'atmosfera accogliente. Assume un tono di voce volutamente profondo per trasmettere un messaggio ai suoi ascoltatori. «Sentire... e non pensare...»

Ripete quella frase come un mantra mentre varia intonazione e ritmo. Quando si ferma, il pubblico applaude.

Benjamin si china verso Joy, che sta mordicchiando la cannuccia del suo cocktail con aria nervosa.

«Allora, cosa ne pensa?»

«Che non sarei mai dovuta venire!»

«Ma dai, vedrà! All'inizio fa una gran paura e poi non si vuole più scendere dal palco!»

«Non credo proprio che ci salirò.»

Joy ha appena pronunciato queste parole quando Rayane spiega una regola del gioco. «Ah, ci tengo a specificare che proveranno *tutti*, senza eccezione! Non cercate di nascondervi dietro una sedia! E attenzione: se quel che fate non vi riesce bene, è previsto il lancio di pomodori. Le cassette sono a disposizione sui lati della sala.»

Rayane fa una pausa per testare l'effetto delle sue parole. Scherza o è serio? Il pubblico scoppia a ridere.

«Avete avuto paura? Be', naturalmente vi ricordo l'abbiccì dello *slive*: accoglienza, benevolenza, nessuna censura! Qui non si giudicano né la performance linguistica né il genio poetico! È un momento per *voi*, solo per voi. Il vostro momento! E quindi cercate di godervelo! Se la cosa può rassicurarvi, la prima volta che mi sono prestato a questo esercizio non ne ho quasi cavato un ragno dal buco. Ma quel "quasi" è già meraviglioso, non bisogna dimenticarlo: è il bandolo di un filo di ispirazione che poi basterà srotolare e seguire!»

Joy attacca il suo secondo cocktail alcolico, e nella penombra gli occhi le brillano più del solito. Benjamin si chiede se lei avrà il coraggio. Pagherebbe oro per vederla sul palco, ma sa che con quell'agente di polizia che sorveglia il suo cervellino la speranza è esile...

Rayane chiede un volontario per iniziare e, come di consueto, nessuno si propone. Tra i due amici c'è un piccolo patto: è sempre Benjamin a dare l'esempio e a rompere il ghiaccio. Così si alza e si dirige verso il palco, sentendosi addosso il peso di tutti gli sguardi. Soprattutto quello di Joy. Tenta di non pensarci, per timore che il suo coraggio evapori.

«Come ti chiami? Benjamin! Perfetto. Da quale strumento vuoi essere accompagnato? Il bastone della pioggia? Ottima scelta. Io ti darò le prime parole della tua improvvisazione, poi tu farai un passo avanti verso il microfono, conterai mentalmente fino a tre e partirai. Signore e signori, non dimenticate che la poesia comincia quando si smette di volerla fare. La poesia richiede fertili casualità, accostamenti di parole improbabili, metafore involontarie... La cosa più importante è che non cerchiate di *fare bene*. Il perfezionismo impedisce all'immaginazione di emergere. Lasciate uscire anche, anzi, soprattutto quel che non ha né capo né coda. Benjamin, sei pronto?»

«Pronto.»

Rayane prende tra le mani l'enorme bastone in verticale, poi lo capovolge come se fosse una clessidra e i granelli all'interno scendono a cascata producendo un dolce fruscio. Nella sala cala il silenzio. Tutti pendono dalle labbra di Benjamin.

«Dietro di me...»

Rayane ha fornito a Benjamin le prime parole. Lui si fa avanti, inspira profondamente e si lancia.

Dietro di me...
sento come un'ombra.
Mi giro:
nessuno.
Sento solo
una risata che risuona.
Sei ancora tu,
ombra mia?
Mi fai i dispetti?
Vieni alla luce,
allora,
se ne hai il coraggio.

Benjamin fa una pausa come se fosse di colpo a corto di idee, ma conosce bene l'esercizio: si aggrappa alla parola «coraggio» e la ripete, seguita da una serie di onomatopee, per prendere tempo. Poi continua, sempre più coinvolto nella sua improvvisazione. Trasforma l'ombra in una vera e propria compagna immaginaria e tra i due inizia una sorta di gioco di seduzione, simile a una danza.

Mi sfiori,
ombra mia,
mi ronzi attorno.
Ma, cara la mia vespa,
non mi pungi.
Perché...
Perché...

Benjamin prepara la conclusione.

Ombra mia, tu, sei me!

La sala prorompe in un fragoroso applauso. Benjamin saluta con un sorriso smagliante e torna al suo posto.

«Ma è stato bravissimo!» esclama Joy ammirata.

«Merito del pubblico», si schermisce lui, contento suo malgrado che lei abbia apprezzato la performance.

«Niente falsa modestia, Benjamin!»

Ora tutti hanno voglia di provare. Le improvvisazioni si susseguono l'una dietro l'altra, e ognuna a suo modo è commovente.

«Ora tocca a lei, Joy!»

Rayane la chiama dal palco e di nuovo dirige il proiettore verso di lei. Joy protesta, rifiuta di andare. Ma tutto il pubblico comincia a scandire il suo nome, compreso Benjamin, alla sua destra, che la incita con particolare fervore. Vorrebbe tanto che accettasse quella sfida e provasse a lasciarsi andare! Ma sarà mai capace di rinunciare ad avere il controllo della situazione, permettendo così all'ispirazione e alle emozioni di fluire?

Joy gli rivolge uno sguardo implorante che lui ignora. Invece, si alza per prenderle la mano, la stringe forte e la conduce come una principessa verso la pedana.

24.

Tocca a me. In un momento di incredulità mi chiedo cosa ci faccio lì in piedi, da sola, di fronte a un pubblico che mi scruta, che si aspetta da me una performance di cui non sono capace. Poi mi ricordo delle parole che Benjamin mi ha sussurrato all'orecchio appena prima che salissi sul palco: «Si ricordi che non c'è un obiettivo da raggiungere, deve solo essere sé stessa e divertirsi...».

Ho le mani sudate. Lo noteranno, se me le asciugo sul vestito? Il microfono è troppo alto per me. Momento di panico! Non posso mica fare un'improvvisazione se non arrivo neanche al microfono. Come si fa a regolare l'asta? Comincio ad armeggiare, svito qualcosa e... catastrofe, il microfono crolla! Rayane corre in mio soccorso e, con pochi gesti sicuri, lo sistema all'altezza giusta.

«È solo questione di esperienza!» dice ridendo, per rincuorarmi.

La sua gentilezza e il suo umorismo mi aiutano a ricompormi un po'. Senza che lo voglia i miei occhi si dirigono verso Benjamin. Cerco di trarre forza dal suo sguardo che mi fissa con intensità benevola. Cala un silenzio assordante. Chiedo a Rayane di accompagnarmi con le maracas e darmi le prime parole della mia improvvisazione.

«Sotto il sole...»

Le tre parole mi frullano in testa. Mi piacerebbe avere il tempo per pensarci! Per organizzarmi! Ma qui non posso. Devo contare fino a tre, fare un passo avanti e buttarmi, aprire il rubinetto delle parole senza sapere cosa ne uscirà. Il cuore mi batte all'impazzata nel petto.

"Uno, due, tre." Inspiro e... inizio a parlare. Ho il microfono attaccato al mento e la mia voce risuona in tutta la sala, al ritmo delle maracas, che cullano la mia ispirazione. Mi lascio andare, non controllo più nulla.

Sotto il sole,
proprio lì,
è lì che ero.
Prima
prima delle nubi
e del gran tormento.
La gioia si è persa
nel vento.
La risata è svanita
in un sospiro rabbioso.
Solo ombre
ormai
sul mio viso...
Davvero la mia vita
è senza sorriso?
Se la gioia è un sole
e la felicità un ruscello,
allora voglio dipingere
un paesaggio così bello...

All'inizio Rayane aveva consigliato ai presenti di concludere l'improvvisazione con un finale netto, una frase a effetto sottolineata da un tono di voce più basso, e poi indietreggiare di un passo senza aggiungere nulla.

Eseguo, preoccupata del silenzio che regna nella stanza. Mi sa che sono andata male. Ho fatto una pessima figura. Sudo freddo, già vedo immaginarie valanghe di pomodori che si abbattono su di me. Ho paura di incrociare sguardi beffardi o, peggio ancora, compassionevoli. Così tengo la testa china e gli occhi chiusi. Si sente qualche applauso: ci sono sempre delle anime buone in un pubblico.

Mi aggrappo all'idea che fra pochi istanti sarò al mio posto e potrò rintanarmi nel mio buchino. Ma gli applausi si intensificano. La gente inizia a fischiare, a battere i piedi, urla perfino «brava!». Non capisco bene quel che succede. Sogno o mi stanno acclamando? Rayane si avvicina e mi alza un braccio come se avessi appena vinto un match di pugilato, profondendosi in lodi sperticate. Sono terribilmente imbarazzata; tuttavia, al contempo, un'altra sensazione inizia a formicolare dentro di me, una specie di pizzicorino piacevole, e il calore sale lungo il corpo fino al collo, fino alle guance, che avvampano. Mentre mi faccio strada per tornare a sedermi, ciò che provo diventa più comprensibile: è gioia, una vera gioia venata di orgoglio! Quando raggiungo Benjamin, gli rivolgo un sorriso che non ha mai visto: quello, radioso, del piccolo popcorn felice. Ora ho tutti i piccoli Max attorno a me. Man mano che la tensione cala, avverto una leggera euforia. Rido per niente. Era da un sacco di tempo che non mi divertivo tanto... Sto così bene con loro, non saprei nemmeno spiegare perché. Forse però è proprio questo il segreto: non c'è bisogno di capire e di trovare le parole. Il tutto avviene a un altro livello... Carmen è un fenomeno, mi fa morir dal ridere: ma com'è possibile avere tanta energia alla sua età? È davvero una chiacchierona mai vista. La guardo vicino al suo J.P. Si sono conosciuti su Internet, e lei non ci tiene a nasconderlo. «Bisogna vivere nel proprio tempo, no?» Sono entrambi raggianti e, lo ammetto, di colpo mi sento invidiosa. Per loro sembra tutto facile, fluido. Penso alla storia con Ugo e il mio viso si incupisce di colpo. Quant'è brutto trovarsi incastrati in una situazione simile, ingarbugliata come un nodo ormai indistricabile. Chino le spalle sotto il peso dello sconforto. Benjamin pare notarlo.

«C'è qualcosa che non va, Joy?»

I piccoli Max sono fortunati ad averlo: dev'essere davvero piacevole poter contare su qualcuno che è sempre così attento.

Senza pensarci, ho tirato fuori il cellulare. Benjamin aggrotta le sopracciglia. Mi basta un'occhiata per intravedere quattro chiamate perse di Ugo. Sento il cuore fare un balzo nel petto.

«No, no, tutto bene, grazie! Ma ora devo andare...»
«Non vuole cenare con noi?»
«Ehm, no, non posso, ho un... un appuntamento.»
«Ah... con lui?»
Annuisco in silenzio. Benjamin non smette di sorridere, ma il suo sguardo sembra velarsi impercettibilmente. A disagio, me ne vado come una ladra, ansiosa di ascoltare i messaggi vocali di Ugo. Come ho potuto ignorare tanto a lungo il telefono? Appena sono in strada, mi dirigo verso la metropolitana, con il cellulare incollato all'orecchio, Messaggio 1: «Joy, dove sei finita? Mi richiami?». Messaggio 2: «Joy, è urgente richiamami, grazie». Messaggio 3: «Ma cosa stai combinando, Joy? Non è da te non richiamare...». Messaggio 4: «Joy, ma non lo guardi mai il telefono, insomma? Richiamami appena puoi!».
Una doccia fredda. E io, che un momento prima ero così felice che si fosse fatto vivo! Mi decido comunque a chiamarlo.
«Dov'eri? Con chi sei uscita? Cosa facevi? Voglio che tu sia raggiungibile quando ho bisogno di parlarti, Joy!»
Mi pizzicano le narici. Ci metto qualche istante a capire che mi sta saltando la mosca al naso! Aspetto che le sue proteste si plachino. Davvero il fiato non gli manca! È un tale pallone gonfiato che c'è da stupirsi che non prenda il volo. Ma il meglio deve ancora arrivare.
«Be', insomma, volevo dirti che Virginia stasera è fuori. Vengo da te. Sarò lì tra mezz'ora.»
La parola sale da sola dalle profondità della mia indignazione.
«No.»
«Cosa no?»
«No, non vieni da me stasera.»
«Ma che dici?»
«Ho altri programmi, non sono disponibile.»
Lo sento raggelarsi all'altro capo del telefono e tutt'a un tratto provo una sensazione molto piacevole. Come quando, in fondo a una grotta, dopo tante ricerche si intravede un puntino luminoso che indica l'uscita. Mi galvanizzo in-

teriormente per consolidare la mia determinazione e trovare il coraggio di restare sulle posizioni che ho preso. "Non sei una sua proprietà. Non può schioccare le dita e pensare che tu appaia all'istante, nel momento in cui vuole lui. Devi smetterla di prestarti al suo gioco. Ci sono altre possibilità, oltre che soffrire."

Resto ferma e cerco di non badare al tono tempestoso della sua voce. Ah, sì, è contrariato? Tanto meglio! Le cose cambieranno. Quando metto giù, mi rendo conto che le mani mi tremano: è talmente poco naturale per me impormi, che farlo mi sconvolge. Sono sola sul marciapiede. Ho appena mandato al diavolo il mio capo nonché mio amante. Ma che mi è preso? Mi chiedo cosa fare adesso. Tornare a casa? Ho paura che passerei la serata a rimuginare sull'enorme casino che ho appena combinato. Rientrare nel locale? Forse riesco a raggiungere i piccoli Max. Mi imbatto in loro all'uscita: ancora due minuti e li avrei mancati.

«Il suo appuntamento è sfumato?»

Annuisco.

«Peccato», replica Benjamin, «ma non mi dispiace per niente. Allora viene con noi al ristorante?»

Annuisco di nuovo, stavolta con un gran sorriso. Rayane e Carmen mi prendono sottobraccio, come se mi avessero spontaneamente accettata nel clan. Non saprei dire quanto il loro gesto mi commuova. Continuano tutti a darmi del lei, perché resto pur sempre una cliente, ma questo è l'ultimo baluardo che ci separa dalla familiarità. Per quanto mi riguarda, è già crollato: ormai mi sono affezionata troppo per vederli come semplici fornitori. So bene che non è per niente professionale... Siamo assolutamente fuori dai ranghi! Ma per una volta... "E che cazzo!"

Be', ho cominciato anche a essere sboccata... Forse la vernice del bravo soldatino sta proprio iniziando a scrostarsi. Stasera ho deciso di vedere che effetto fa non voler apparire per quello che non sono. Anzi, di più! Correrò il rischio di lasciarmi un po' trascinare. Al ristorante, Benjamin è alla mia destra e Carmen alla mia sinistra. L'allegra brigata emette una quantità di decibel degna di un concerto all'Olympia e la conversazione è scoppiettante. Tiro fuori con discrezione il cellulare e lo appoggio sulle ginocchia. Benjamin se ne accorge e mi mette la mano sul braccio, come per fermarmi.

«Joy, ma cosa fa?» chiede a voce bassa.

Gli mostro sullo schermo la app Clevertalk, che uso spesso per trovare argomenti di conversazione con Ugo e non sentirmi troppo stupida. «Niente, niente. Voglio solo disinstallare una app che non mi serve più.»

Ci sorridiamo, e in quel momento mi sento legata a lui da una sorta di strana connivenza. Credo che mi capisca.

«Ehi, cos'è questo bisbigliare!» finge di indignarsi Carmen, a cui non è sfuggito il nostro scambio. «Vogliamo sapere anche noi: niente segreti!»

Benjamin viene in mio soccorso. «Ho il piacere di annunciarvi che la nostra amica Joy è in via di disapplicazione, con ottimi risultati!»

I piccoli Max prorompono in esclamazioni gioiose mentre Carmen mette al corrente il suo fidanzato del senso dell'espressione. Poi alza il bicchiere.

«Viva la disapplicazione!»

E il gruppo ripete in coro: «Viva la disapplicazione!».

Carmen si china verso di me, stringendomi affettuosamente il braccio. «A proposito di disapplicazione, mi piacerebbe condividere con lei un'altra idea... uno dei miei piccoli segreti per coltivare gioia e piacere!»

Ha degli occhi così luminosi, Carmen! Questa donna è una delizia. La sua vitalità è contagiosa proprio come quella di Benjamin.

«Perché no? Mi racconti, Carmen...»

«Mmh... che programmi ha per questo sabato?»

«Niente di speciale, direi.»

«Viene con me, allora?»

La Joy che controlla tutto vorrebbe prendersi del tempo per riflettere, invece quella di stasera desidera lasciarsi sorprendere.

«Sì, Carmen! Vengo con lei!»

Benjamin non si è perso una sillaba della nostra conversazione. Cerco invano di decrittare la sua aria misteriosa e al contempo maliziosa. Ho l'impressione che sappia benissimo quello che mi aspetta sabato. Ma naturalmente si guarda bene dal dirmelo...

25.

Carmen mi ha dato appuntamento al civico 14 di rue de la Grande-Chaumière, nel sesto arrondissement. «Alle 9.50 spaccate!» diceva il suo messaggio. «Si godrà la mattinata a letto un'altra volta!» Ha aggiunto l'emoticon della faccina sorridente. In effetti, il sabato sono abituata a rigirarmi tra le lenzuola e passare metà giornata in pigiama per rilassarmi dopo una settimana iperstressante, ma per una volta posso fare un'eccezione. E devo dire che sono anche molto curiosa di vedere che sorpresa Carmen ha in serbo per me... Scendo alla fermata della metropolitana di Vavin. La temperatura è piuttosto gradevole per essere il mese di dicembre e l'atmosfera mi rallegra non appena metto piede nel quartiere. Raggiungo molto in fretta il numero 14 di rue de la Grande-Chaumière, grazie alla mia camminata allenata: viva la app Happyfit! Carmen mi adocchia da lontano – mi sa che mi stava proprio aspettando – e mi saluta con grandi cenni della mano. Ha un cappotto giallo che non passa inosservato. Decisamente non è un tipo discreto, ma a me piace la sua eccentricità e il fatto che sia sempre così premurosa. Mi accoglie con entusiasmo e si informa di mille dettagli: se ho dormito bene, se ho fatto colazione, se ho trovato il posto senza problemi... Le sorrido, poi, senza tanti preamboli, le rivolgo la domanda che mi sta più a cuore.

«Carmen, a questo punto mi direbbe cosa mi aspetta?»

«Mia cara Joy, l'ho fatta venire qui oggi per condividere con me la giornata delle "prime volte".»

La guardo sbalordita, con gli occhi sbarrati.

Lei ride di gusto. È una sessantenne con lo spirito di una bambina. Suona il campanello del civico 14 e mi trascina per il braccio dentro il portone mentre inizia a spiegarmi.

«Vede, più o meno una volta al mese affronto la sfida della giornata delle prime volte! Faccio delle piccole ricerche su Internet per individuare cose che non ho mai provato e che potrebbero divertirmi, arricchirmi, sorprendermi...»

«Incredibile!»

«Sì, e soprattutto molto piacevole!»

Ci mescoliamo a un gruppo di persone di età diverse che sembrano aspettare l'apertura. Io comunque non ho ancora capito cosa ci facciamo qui. Carmen abbassa la voce per parlarmi con tono confidenziale.

«Sa, prima mi capitava di annoiarmi. Ero molto passiva. Aspettavo che gli altri mi trascinassero fuori, mi convincessero a uscire e darmi una mossa. Passavo interi fine settimana a languire nel mio *spleen*...» Mi recita Baudelaire con un'aria da attrice consumata che mi strappa un sorriso. «*Quando come un coperchio il cielo pesa grave e basso / sull'anima gemente in preda a lunghi affanni*... eccetera eccetera», dice con un gesto sbrigativo della mano, lasciando intendere che ho senz'altro colto il senso generale. «E poi un giorno mi sono stufata di ammorbarmi, di far dipendere la mia felicità da amici che non erano sempre disponibili o da un uomo che non ero riuscita a trovare.»

Ascolto con attenzione il suo racconto mentre tento di scaldarmi le mani soffiandoci dentro. «E cos'ha fatto allora?»

«Ho creato un po' di movimento.»

«Creato movimento?»

«Sì, ho smesso di aspettare. Di dipendere da qualcun altro per essere felice. Di delegare questo potere. Mi sono lanciata nella riconquista della mia vita e della mia libertà. All'inizio è stato molto difficile: a conti fatti è più semplice crogiolarsi nello sconforto che prendere il coraggio a due mani e uscire dalla propria zona di comfort. Il primo passo costa grande fatica. È un po' come quando si è stati operati a un piede e bisogna ricominciare a camminare. Per fortuna, molto in fretta ci si rende conto che più si fa più si ha voglia di fare, e il meccanismo poi va avanti da solo...»

Sono impressionata. Guardo con curiosità ancora maggiore i suoi occhi azzurri brillanti e maliziosi e avrei voglia di farle altre domande per approfondire, ma un signore alto e magro con i baffi apre la sala e ci invita a entrare. La gente non si fa pregare! Vengo trascinata dentro dal flusso. Carmen paga il biglietto. Provo a protestare, ma inutilmente. Allora prometto di offrirle il pranzo più tardi. Ci ritroviamo in una sala con un palco su cui è appoggiato un calorifero elettrico. Un calorifero? Sarà una mostra di arte concettuale? Osservo gli sgabelli, disposti in tre file a semicerchio. Cosa ancor più strampalata, davanti a ciascuno è piazzato un cavalletto. Per il momento resto vicina alla porta, perplessa e un po' a disagio. Cosa dovrei fare? Gli altri sembrano degli habitué del posto: li vedo dirigersi senza esitazione verso il fondo. Ognuno prende un'asse di legno e va a sedersi, appoggiandola sul cavalletto. Mi giro verso Carmen, che mi scocca un gran sorriso senza darmi la minima spiegazione.

«Buona seduta! A dopo!»

E scompare dietro il paravento piazzato accanto al palco. Allora decido di stare al gioco, anche se non capisco nulla e, come un automa, eseguo gli stessi gesti che vedo fare agli altri. Un momento dopo il signore con i baffi passa tra noi e comincio a capire. Distribuisce fogli di grandi dimensioni e pinze per fissarli sulle assi di legno. Parte un concerto di cerniere: gli zaini si aprono e ne escono degli astucci. Pennelli, inchiostri, pastelli, carboncini, matite acquerellabili: fanno a gara a chi ha la strumentazione più completa! Io naturalmente sono venuta senza niente. Il mio vicino, comprensivo, mi presta un carboncino.

«Lo preferisce duro o tenero?» mi chiede.

Come se ne avessi la minima idea! Me ne tende uno per tipo.

Prendo quello di sinistra, a caso.

«Vuole anche un pezzo di gomma pane?»

Lo guardo come se fosse un alieno, ma presagisco che

quell'oggetto potrebbe essermi utile, così afferro il pezzettino di pasta che sembra una specie di chewing gum con cui dovrei, secondo lui, cancellare i miei errori nel disegno. Ma qui, piuttosto, l'errore è che io non ho mai preso in mano una matita! Dentro di me maledico Carmen, poi in extremis mi ricordo la tematica del giorno: le prime volte. Faccio un respiro profondo per allentare la tensione.

«Nervosa?» si informa il mio vicino, un tizio alto e moro, palesemente divertito dalla mia aria da principiante. «È sempre così la prima volta!»

Sono indecisa se ignorarlo o confessargli la mia angoscia.

«Non ho mai disegnato!»

Con aria da esperto mi sussurra benevolo: «Non importa. Nessuno ha detto che deve fare un disegno da museo. Non metta limiti alla sua mente e lasci che la mano corra da sola. Vedrà che qualcosa ne esce...».

Le sue parole mi tranquillizzano un po'. Ma, buon Dio, dove si è cacciata Carmen? Perché non è qui con noi? Ed ecco che la risposta mi arriva dritta come un pugno: dal paravento esce una Carmen completamente nuda. Nuda da capo a piedi, nuda come un verme! Ha appena fatto scivolare a terra la vestaglia. Non credo ai miei occhi! Sconvolta, sento il battito del cuore che accelera mentre lei si siede al centro del palco e si mette in posa.

Il tizio con i baffi le si avvicina per darle qualche indicazione e aggiustare il calorifero in modo che non prenda freddo. Poi annuncia: «Faremo mezz'ora di seduta seguita da quaranta minuti di pausa».

Capisco che inizieremo con una serie di schizzi. Carmen cambia posizione ogni cinque minuti e tutti scarabocchiano. Nessuno sembra provare imbarazzo. Mi pare evidente che non abbiamo tutti lo stesso rapporto con il corpo. Osservo Carmen immobile, incredibilmente bella nella sua nudità senza vergogna. La curva di un seno che non ha più vent'anni, la pancia un po' arrotondata dalla buona cucina, la pelle che ricorda un paesaggio di sabbia su cui il vento soffiando abbia lasciato qualche traccia... E dire che io mi faccio problemi per un rotolino di grasso o per una ruga quasi impercettibile! La verità del corpo mi si rivela in tutt'altro modo in questo momento. Alto, grosso, giovane o vecchio... c'è magia in ciascuno di questi rilievi e un po' di sublime in ogni imperfezione! E pensare che finora il mio ideale era quello delle riviste di moda... La bellezza liscia, di plastica, mi appare all'improvviso del tutto insipida e superficiale.

Carmen viene a trovarmi durante la pausa, avvolta nella sua vestaglia, e mi fa un sacco di complimenti per i miei scarabocchi. «Trovo che nei suoi disegni ci sia molta sensibilità! Be', ora torno al mio posto!»

Terminata la sessione, Carmen riceve l'appaluso di tutti i presenti, e noto una cosa che mi strappa un sorriso: quell'ovazione la mette più in imbarazzo di quanto non l'abbia messa il fatto di posare nuda davanti a tanta gente!

Ci ritroviamo per strada felici, stanche e affamate.

«Pronta per la seconda prima volta della giornata?» mi chiede con un tono giocoso.

Davvero, questa donna è incredibile! Mi lascia senza parole. Ma visto che mi mostra la via, e la via pare giusta, non ho nessuna intenzione di fermarmi qui...

26.

Per fortuna oggi è domenica. Ho dormito come non mi capitava di fare da molto, molto tempo e, quando apro gli occhi, è già mezzogiorno. Dopo la folle giornata di ieri, è come se fossi incriccata per le troppe novità. È una sensazione strana, ma per nulla sgradevole. Me la godo a letto con un buon caffè. La cosa paradossale è che mi sento al contempo stanchissima e rigenerata! Questa tournée delle prime volte è stata un vero toccasana. Innegabilmente Carmen appartiene alla rara e preziosa specie delle persone che fanno del bene agli altri. *Feel good people.* Penso che lei incarni alla perfezione il concetto della giovinezza di spirito, e più la conosco più mi ispira ammirazione e rispetto. Forse uno dei segreti della gioia è rimanere giovani vivendo eterne prime volte... Devo approfittare al massimo di queste poche ore perché mi aspetta una settimana faticosa e complicata: Natale, che cade di mercoledì, sballa tutto il mio programma. Chiunque sarebbe pronto a giurare che il tempo non si possa comprimere a piacimento, ma questo non vale per l'Ottava Sfera. Quindi dovrò comprimere il lavoro di cinque giorni in tre. Ho in animo di fare una velocissima puntata in Nuova Aquitania per raggiungere i miei genitori la vigilia e passare fuori ben quarantotto ore. Diciamo che a conti fatti vedrò più il treno del tacchino ripieno, ma Natale senza i miei non sarebbe Natale.

«Non resti un po' di più? Sei sicura?» si è lamentato mio padre quando ci siamo parlati al telefono.

Anche a me dispiace, ma a meno di due settimane dall'anniversario per il decennale dell'agenzia non posso davvero permettermi di chiedere giorni di ferie.

Lunedì mattina devo incontrare Benjamin all'atelier per lavorare all'altra animazione della serata, le *magic punchlines*. Non lo vedo dalla cena al ristorante dopo l'aperi-*slive* e mi sorprendo di sentirmi impaziente.

Arrivo presto. Abbiamo talmente tante cose di cui parlare! Mi apre la porta e mi invita a entrare con un gesto teatrale della mano.

«Signora.»

«Signore.»

Mi aiuta a togliermi il cappotto, poi ci tiene a offrirmi la sua cioccolata calda natalizia con sorpresa.

«Cosa c'è sopra?»

«Minimarshmallow.»

«Oh!»

Tenta di dissimulare il suo sorriso di soddisfazione davanti alla mia espressione infantile e cambia argomento.

«Allora, com'è andata la giornata delle prime volte con Carmen?»

«Fa-vo-lo-sa!»

Gli racconto dell'incredibile sessione di nudo all'Académie de la Grande-Chaumière.

«E mi lasci indovinare... la modella era... Carmen?»

Scoppiamo a ridere.

«Naturalmente.»

La conosce così bene che non sembra affatto stupito.

«A mezzogiorno ha deciso che avrei dovuto assaggiare qualcosa che non avevo mai mangiato. E mi sono ritrovata in un ristorante incredibile, che serve cibi né cotti né crudi!»

«E cioè, com'erano?» chiede Benjamin, curioso e divertito.

«Fermentati.» Gli ripropongo la mia espressione disgustata quando ho letto il menu. «Bleah! Ero sicura che mi avrebbero fatto schifo!»

«E invece?»

«Era tutto buonissimo! Il pomeriggio abbiamo assistito a una gara di eloquenza. Pensavo che ci saremmo fermate lì, invece Carmen mi ha trascinata in un Open brain bar per un aperitivo che mette in moto i neuroni.»

«Un Open brain bar... ma senti un po'!»

Dal modo in cui ride mi sembra di intuire che Carmen lo abbia già coinvolto in attività di questo tipo. Sarà un rito iniziatico per essere ammessi al clan?

«Non sapevo niente di questi Meetup organizzati dall'Istituto del cervello e del midollo spinale. L'idea è geniale: una sera, un bar, un bicchiere e degli oratori appassionati... ricercatori che tengono un seminario.»

Benjamin si versa sulla cioccolata calda una generosa cucchiaiata di minimarshmallow e, affascinato, mi chiede quale fosse il tema dell'Open brain bar.

Gli rispondo con voce teatrale: «Capire i grandi meccanismi del cervello».

«Ah, una robetta da niente...»

Gli dico quali questioni sono state toccate: cosa succede quando pensiamo, sogniamo o creiamo? Come agisce il cervello sulle emozioni? Come si stabiliscono ed evolvono le connessioni neuronali?

Nel frattempo Carmen e Rayane fanno irruzione in ufficio, portando come sempre con sé un gioioso casino.

Baci. Saluti. Pacche sulle spalle.

«Carmen, stavo raccontando del nostro sabato!»

«Be', allora? Non l'ho stancata troppo con il mio programma intensivo di prime volte?»

«A dire il vero, non è quello che mi stanca, Carmen...»

Penso alla montagna di lavoro che ci aspetta e invio a Benjamin dei segnali di richiamo all'ordine. Rayane si informa sull'avanzamento del progetto per l'anniversario aziendale.

«Oggi dobbiamo lavorare alle *magic punchlines*...»

«Ah, perfetto. Se avete bisogno di una mano per comporre, chiamatemi!»

Si allontana con l'abituale disinvoltura e si mette tranquillamente a lavorare alla sua scrivania.

Noi invece andiamo a sistemarci nell'angolo riunioni. Tiro fuori il taccuino degli appunti, ansiosa di sapere di più sull'animazione che dovrebbe essere il clou della serata.

«Sono tutta orecchi.»

27.

Ma lo saprà di essere deliziosa vestita così, con la testa dritta, attenta, quasi in allerta, seria, diligente, pronta a bersi le mie parole, inconsapevole del fascino dei suoi occhi chiari che, giorno dopo giorno, sembrano tornare a brillare di una nuova luce, con i tratti più distesi, i capelli sciolti e un tono di voce più piacevole? Sì, qualcosa si sta sbloccando in lei: la tensione comincia a cedere e lascia apparire una persona completamente diversa. Questa metamorfosi risveglia in Benjamin un interesse tutto nuovo. "È solo curiosità", si dice. O, quanto meno, è ciò di cui cerca di convincersi. Primo, è una cliente. Secondo, si è imposto di non superare certi confini di sicurezza per evitare relazioni che possano mettere a repentaglio la sua quiete e la sua libertà. Joy prende l'elastico che si è infilata al polso e si tira su i capelli legandoli in uno chignon alto. Benjamin distoglie lo sguardo dalla bella curva della nuca, sottolineata dal contrasto con una ciocca scura sfuggita all'acconciatura. Cerca di concentrarsi sulla presentazione del suo concept con le *magic punchlines*.

Spiega come, con l'aiuto di Rayane, abbia messo a punto delle cartucce di un inchiostro speciale.

«Permette di stampare testi invisibili.»

«Invisibili?»

«Sì, per creare un effetto sorpresa! La chiave dell'evento è riuscire a stupire, a lasciare il segno. Cosa ne pensa?»

«Mi sembra geniale!»

Pare che l'idea le sia piaciuta. Di nuovo, Benjamin pensa

al modo in cui il suo viso si trasforma quando lei sorride. "La gioia le calza a pennello!"

«La parola *punchline* viene dal rap?»

«Proprio così! Ha presente il punching ball con cui si allenano i pugili? Noi con le *magic punchlines* vogliamo colpire, ma con le parole!»

«Ottima trovata!»

«Sono contento che apprezzi. Nella cultura hip-hop sono previste vere e proprie battaglie, delle specie di tornei in cui si provoca il proprio avversario spedendogli il miglior *clash* di parole possibile, e questo può prendere la forma di qualche strofa di *punchlines*... È davvero divertente da sentire!»

«Lo immagino. Per l'agenzia, però, non capisco bene come funzioni!»

«Vedrà, le cose verranno da sole!»

Benjamin si alza per chiamare Rayane.

«Puoi spiegare a Joy, come sai fare tu, i tre principi per comporre le *punchlines*?» chiede strizzandogli l'occhio.

Sotto lo sguardo stupefatto di Joy, Rayane comincia a gesticolare come un rapper indemoniato. Si è perfino messo un cappellino da human beatboxing. A Benjamin piacerebbe poter filmare l'espressione di Joy, attonita di fronte alla sinfonia di suoni strumentali che esce dalla bocca di Rayane, che, in mezzo a tutto ciò, riesce perfino a infilare delle spiegazioni...

«Per creare le *punchlines* (suono, suono, movimento hip-hop), fatti il vuoto nella testa, scrivi quello che ti pare, siamo qui per far la festa, soprattutto non scordare (suono, suono, movimento hip-hop): qui è vietato censurare (suono, suono, movimento hip-hop). Quel che conta più di tutto, non è il bello e non è il brutto, ma, suvvia, lasciarsi andare: è così che li farai (suono, suono, movimento hip-hop) tutti sballare!»

Benjamin e Joy ridono senza ritegno e gli chiedono di continuare. Ma non ce ne sarebbe bisogno... e chi lo tiene più, Rayane? Attirata dal rumore, arriva anche Carmen, che comincia a battere le mani per tenere il tempo. Per la gioia del suo piccolo pubblico di fortuna, Rayane si lancia in prodezze verbali e ardite coreografie.

«Sei ti incarti, se ti blocchi, prova a toglier tutti i freni! Molli tutto e ti scateni, briglia sciolta ai tuoi pensieri, lascia spazio anche ai più strani, fai uscire i più balzani, apri tutto il rubinetto, tocca sguinzagliare i cani, tira fuori dal cassetto ogni verso che ti viene, i tuoi sforzi non son vani: su, non fare il coniglietto!»

Rayane esegue una piroetta da *slam* a effetto e si blocca per segnalare la fine della performance. La reazione degli spettatori è immediata: lodi a valanga! Joy si complimenta calorosamente, ma subito dopo le sfugge un gemito.

«Io non riuscirò mai a fare una cosa del genere!»

Benjamin sente che è il momento di rassicurarla. «Si fidi di me, la guiderò io. Su, venga...»

«Dove?» chiedono i piccoli Max, curiosi.

«Fuori! Voi siete troppo casinari, qui non si riesce a lavorare.»

«Sì, sì, sarà...» fa Rayane, con aria saputa.

Benjamin porta Joy in un lounge bar calmo e confortevole. Si siedono sul fondo per stare tranquilli e lui tira fuori dallo zaino il materiale per la ricerca creativa. Poche cose sono essenziali: carta, matita e cervello in modalità ON!

«Joy, ora deve pensare alle persone che lavorano all'Ottava Sfera e per ciascuna di loro annotare su un foglio bianco il maggior numero di parole che le vengono in mente.»

«Di qualsiasi genere?»

«Certo! Parole in libertà. Sarà la nostra materia prima creativa per comporre le *magic punchlines*! Non razionalizzi troppo, si lasci trasportare dalle associazioni di idee e dalle sonorità... E non dimentichi che lo scopo del suo lavoro è divertirsi!»

Joy sembra sorpresa da quell'ossimoro e ha ancora un'aria piuttosto dubbiosa.

«Ma se mi venissero in mente cose negative? Siamo d'accordo sul fatto che l'obiettivo delle *punchlines* è valorizzare ogni membro dell'Ottava Sfera? Come posso realizzare questo piccolo miracolo se l'unica cosa che vorrei è passare con un rullo compressore sopra tutti?»

Benjamin è intenerito dal suo conflitto interiore. Nonostante in agenzia le facciano vedere i sorci verdi, lei sembra farsi ancora scrupolo di esprimere tutta la sua rabbia. Ecco che riemerge quella specie di lealtà da brava ragazza, da prima della classe irreprensibile ed esemplare...

Benjamin prende un altro foglio bianco e scrive a lettere cubitali le parole LASCIARSI ANDARE. «Questo è il suo compito, Joy: tirare fuori tutto, comprese le cose molto negative, in modo che poi sia possibile fare una selezione e scrivere una versione definitiva delle *punchlines* "politicamente corretta". Ci riusciremo, non si preoccupi.»

«Allora butto giù proprio tutto quello che mi viene in mente?»

«Sì, senza filtri! Ci prenda un po' gusto! È ora o mai più! Che gliene importa, visto che questa roba resterà tra noi?»

All'inizio Joy produce poco e lentamente. Le parole escono a fatica. Riflette troppo tra l'una e l'altra, e Benjamin nota che scrive in un corsivo minuscolo, come a scuola, in alto a sinistra sulla pagina.

«Non esiti a scrivere in maiuscolo, in tutti i sensi, disordinatamente. Può scarabocchiare e cancellare quanto vuole!»

Piano piano, la mano si muove più liberamente, e Joy prende coraggio. Così come le sue parole. Benjamin legge da sopra la sua spalla e per poco non cade dalla sedia. Non si aspettava un impatto così corrosivo.

«Va bene?» chiede lei con aria innocente.

«Ehm... eccellente, davvero eccellente. Acido, ma giusto e incisivo! Un ottimo sfogo!»

«Grazie!»

«Le ha fatto bene?»

«Lei non immagina quanto!»

Tutta contenta, Joy beve un lungo sorso di spremuta d'arancia, per gratificare con una bella dose di vitamine i suoi neuroni dopo lo sforzo. Lui nota il sorriso soddisfatto che ha sulle labbra, simile a quello dei bambini quando hanno appena combinato qualche marachella. Con quell'aria birichina è adorabile.

«Adesso che ha capito il meccanismo, dobbiamo solo redigere la versione *corporate* delle sue *punchlines*. Mi ha detto che andrà dai suoi per Natale. Quando parte?»

«Domani mattina. Ma starà via solo quarantotto ore.»

«Va in treno?»

«Sì.»

«Il treno è perfetto per raccogliere le idee. Se è d'accordo, le assegno il compito di buttare giù un elenco di parole positive per ogni membro dell'agenzia e le propongo di vederci alla fine della settimana per scrivere insieme i testi definitivi. Può andare?»

«Mi sembra fantastico.»

«Ah, e ho qualcosa per lei...» Benjamin fruga nella sua borsa mentre continua a chiedersi se sia o no opportuno darle quel dono. Il pacchetto che tira fuori sta nel palmo della sua mano. «I piccoli Max hanno l'abitudine di scambiarsi un pensierino per le feste. È solo una cosuccia simbolica. Buon Natale!»

Benjamin non riesce a interpretare la sua espressione. È imbarazzata o contenta? Joy apre il pacchettino e ci trova dentro un piccolo kit da giardinaggio, con un sacchettino di terriccio, uno di semi e un vaso in miniatura.

«Che semi sono?»

«Quelli che vuole lei.»

«In che senso?»

Benjamin le mostra il cartellino bianco da infilzare nel terriccio. «Deve scriverci qualunque cosa desideri coltivare: gioia, felicità, amore... Quello che vuole!»

Adora quando le sue guance si imporporano. E anche quando resta senza parole.

«È davvero carino! Grazie mille» dice Joy alla fine.

Si salutano dandosi i canonici baci sulle guance, ma i movimenti della testa non sono sincronizzati e per poco non succede l'irreparabile! Adesso sono in due a non sapere cosa dire.

«Andiamo?»

Sul marciapiede, si salutano di nuovo prima di separarsi e ancora una volta, quando si scambiano i baci, combinano un pasticcio.

«Si inizia da sinistra...»

«Ah, no, da destra!»

Scoppiano a ridere, poi si lasciano, e tutti e due si voltano un paio di volte per fare ciao con un cenno della mano. Quando Benjamin entra nell'atelier, i due piccoli Max quasi gli saltano addosso.

«Allora?»

Lui alza le spalle, un po' infastidito. «Allora cosa? Allora niente.»

Le truppe, deluse, si disperdono. Benjamin ha voglia di stare da solo, tranquillo, per lasciar decantare le sue impressioni e guardare più da vicino questo niente, che pure somiglia all'inizio di qualcosa.

28.

«Mio piccolo popcorn!» esclama papà, aprendo le braccia, non appena mi vede arrivare.

Tornare a casa per me vuol dire innanzitutto potermi infilare di nuovo in quell'angolino accogliente della sua spalla. Ci stringiamo con affetto e mi rendo conto di quanto mi sia mancato. Mi prende la valigia e ci incamminiamo verso l'uscita della stazione con il passo delle persone felici.

«E la mamma?»

«È a casa! Ti ha preparato un sacco di manicaretti delle feste! È così contenta che tu sia qui... Dovresti venire a trovarci più spesso, hai un aspetto davvero sciupato!»

«Ho un sacco di lavoro...»

Mio padre mi sbircia con la coda dell'occhio. Vedo bene che è preoccupato. Mi piacerebbe rassicurarlo, ma non mi vengono le parole. In treno, mentre a tratti mi appisolavo, vinta dalla stanchezza accumulata negli ultimi mesi, mi sono sfilati davanti agli occhi gli eventi più recenti. Ho tentato di fare il punto, senza riuscirci.

L'Ottava Sfera... la scenografia in cui si svolge il teatrino della mia vita ormai da tanti anni. Sette, per la precisione. Un ciclo. È come se mi trovassi a un bivio, e non è per niente una sensazione confortevole. Devo proseguire sulla strada che ho intrapreso, restando all'agenzia, o è arrivato il momento di iniziare un nuovo capitolo? Ho lottato così tanto per aprirmi un varco e diventare indispensabile sul lavoro... Lo Specchio riflesso ha dato i suoi frutti: il cambiamento del mio atteggiamento modifica anche le persone attorno a me. Certo, devo ancora imparare a mettere dei paletti per non lasciarmi sovraccaricare di incombenze, per difendere i miei spazi... Sono una principiante in materia, ma i concetti fondamentali mi sono chiari. Questa illuminazione non è arrivata da sola... Benjamin. Sul treno ho pensato molto anche a lui. Perché quando gli sto vicino tutto diventa di colpo più facile, più gioioso? Ho l'impressione di avere sempre seguito un motto che è il contrario del suo: perché semplificare le cose, quando possiamo complicarle? A volte osservo la donna che sono diventata e non mi riconosco più. Vedo una persona stressata, sempre di fretta, che si prende troppo sul serio, priva di senso dell'umorismo, incapace di prendere le distanze dalle cose, di vederle in prospettiva, mettendo a fuoco l'essenziale.

«Tutto a posto, tesoro? Sembri persa nei tuoi pensieri! Raccontami qualcosa, dai!»

Guardo il viso di mio padre, abbronzato anche d'inverno per merito della vita all'aria aperta, con i capelli leggermente ondulati ormai canuti e le fossette sulle guance rasate di fresco. Come esprimere tutte queste domande che vorticano nella mia mente agitata? Come dirgli che da due anni sono impantanata in una relazione sentimentale dolorosa con un uomo sposato di cui ho fatto la sciocchezza di innamorarmi e che mi dà il suo affetto con il contagocce? Che per questo sono perennemente insoddisfatta? Ho tenuto duro, ho sopportato, convinta che prima o poi la situazione si sarebbe sbloccata in mio favore. In fin dei conti, ho accumulato soprattutto ore di desolazione.

"Non si schioda, non si schioda, non vuole!" mi sono ripetuta tante volte pensando a Ugo. Non sarà mica che ho un'inclinazione malsana per le storie impossibili? O è il mio ego che rifiuta di mollare la presa? Quando ho conosciuto Benjamin e gli altri piccoli Max, però, ho percepito, anche se confusamente, che qualcosa si smuoveva. Con loro ho sperimentato una forma di semplicità, di spontaneità, di fluidità davvero piacevole. Ho visto il loro legame e l'ho invidiato. Niente falsità, niente rotture di scatole gratuite. È così bello quel rapporto improntato a una leggerezza profonda che c'è tra loro...

Ma non è solo questo, Pinocchietta dei miei stivali! Confessalo, che hai un debole per Benjamin! Guarda che se neghi ti viene un naso lungo tre metri." Tutto quel che so con certezza al momento è che vederlo mi fa stare bene... È come se fosse una boccata di ossigeno per il mio cervello obnubilato dal pensiero di Ugo. Benjamin è diverso da lui in tutto: ha i capelli castano chiaro, gli occhi azzurri, un carattere conciliante... Non posso forse stare anch'io con qualcuno di *gentile*?

"Sei un orribile popcorn rinsecchito!" insorge una vocina dentro di me. "Lui non è solo *gentile*, e tu meriti di arrostire nelle fiamme dell'inferno insieme alle altre donne che voltano le spalle alla felicità partorendo dei pensieri così scemi."

E se fosse una difesa? Se mi fossi abituata così tanto alla complessità da aver quasi paura di una storia *semplicemente* felice?

«Eccoci arrivati!»

Mio padre parcheggia sul vialetto. La mamma deve averci sentiti perché esce di casa per venirci incontro. Appena oltrepasso la soglia, mi arrivano alle narici i deliziosi profumini che provengono dalla cucina. Sono sicura che anche stavolta ha fatto le cose in grande. È così bello farsi coccolare! In salotto, il caminetto è acceso e crepita un bel fuocherello. Il grande albero di Natale arriva quasi al soffitto. Sui rami carichi di decorazioni intravedo con emozione la calza di lana con sopra ricamato il mio nome, appesa vicino al camino. È fantastico essere qui! I miei genitori sono una coppia affiatata, come ce ne sono poche oggigiorno... Quando li guardo chiacchierare allegramente tra loro, punzecchiarsi con tenerezza, abbracciarsi con discrezione, mi chiedo quale sia il loro segreto. Tanto più che solo ieri sera un evento inatteso ha inflitto un ulteriore colpo alla mia visione della vita di coppia.

Nella fretta di tornare a casa a preparare la valigia, e con la testa già alla cena della vigilia dai miei, ho lasciato l'ufficio di volata. Peccato che una volta arrivata sul pianerottolo di casa mi sia accorta che avevo dimenticato le chiavi in agenzia. Le avevo tirate fuori dalla borsa insieme all'agenda ed erano sicuramente lì sulla scrivania, ad aspettarmi... Che immane seccatura! Avrei perso un sacco di tempo prezioso.

Erano le 20.30 quando ho varcato la soglia dell'Ottava Sfera; l'appartamento era immerso nel buio. Non ho nemmeno acceso le luci, tanto era questione di un minuto. Mentre andavo verso il mio ufficio, come un gatto che avanza nelle tenebre, un rumore insolito proveniente dal ripostiglio, una specie di ansimare affannoso, ha attirato la mia attenzione. Mi sono avvicinata con passo felpato e, attraverso la porta leggermente socchiusa, ho visto qualcosa che mi ha lasciata pietrificata dallo stupore, nel buio: lì, davanti ai miei occhi, Virginia e il mio stagista erano aggrovigliati sopra la fotocopiatrice. Per la sorpresa mi è caduta la borsa. Mi sono ricordata della scena del film di Hitchcock *Marnie* in cui alla donna cade la scarpa dalla tasca mentre cerca di fuggire senza far rumore per non essere scoperta. Virginia mi ha vista. Quello sguardo! Non so dire chi delle due fosse più imbarazzata. Mi si è gelato il sangue nelle vene mentre il cervello surriscaldato già contemplava tutte le disastrose conseguenze di quella faccenda: disagio, costernazione, pressioni, ricatti, rappresaglie... Uno scandalo da sgabuzzino forse avrebbe messo fine alla mia carriera all'Ottava Sfera! Il mio stagista si è girato verso di me, ma ha malapena sobbalzato, mi è sembrato quasi che avesse un sorriso beffardo sulle labbra. Per lui l'intera vita è uno scherzo. Io sono scappata via lungo il corridoio, forse illudendomi di poter ancora far finta di niente, ma Virginia mi ha raggiunta subito. Una Virginia irriconoscibile: spettinata, ansimante... Difficile trovare l'aggettivo giusto... Sì, ecco: vulnerabile. Ha cercato di ricomporsi, tenendo ben dritto il corpo rivestito in fretta e furia.

«Joy, ascolta, non è come credi...»

Ma questa frase te la fanno imparare a memoria in un corso di formazione per adulteri? Io ero sconvolta quasi quanto lei, non volevo saperne niente, soprattutto non volevo parlarne, preferivo tenere i miei bei paraocchi e continuare a fare la finta tonta... Del resto, come avrei potuto giudicarla male, considerato che ero l'amante di suo marito? La situazione era intricata!

«Ti prego, Virginia, questa cosa non mi riguarda. Facciamo come se non fosse successa, okay?»

Il viso di Virginia si è indurito e ho visto comparire un tic nervoso.

«Sappiamo entrambe che è impossibile. Quindi dimmi...»

«Cosa?»

«Qual è il tuo prezzo?»

«Il prezzo di che?»

Era evidente che la stavo innervosendo.

«Il prezzo per il tuo silenzio.»

«Ma insomma, Virginia, non ho un prezzo. Ti assicuro che non dirò niente... Cosa vai a pensare?»

Mi sentivo sempre più a disagio: non avevo mai visto Virginia in quelle condizioni. Di colpo, io ero diventata una minaccia. E lei, come succede a ogni creatura in pericolo, aveva iniziato a mostrare le zanne.

«Se la faccenda viene fuori, sarai la prima a subirne le conseguenze, Joy, puoi starne certa: ti metterò alla porta senza l'ombra di un rimorso.»

«Ho capito benissimo», ho ribattuto a denti stretti.

L'assurdità della situazione mi sembrava evidente. Me ne sono andata in fretta e furia, ansiosa di allontanarmi, preoccupata per lo sviluppo degli eventi... L'atmosfera in agenzia sarebbe diventata ancora più irrespirabile? Non avevo mai avuto un gran feeling con Virginia, ma dopo quella scoperta imbarazzante mi sembrava di tenere fra le mani una bomba a orologeria.

29.

Ho avuto appena il tempo di iniziare a rilassarmi e godermi un po' i miei, che è già ora di tornare a Parigi. In treno dormicchio come all'andata e tento di sfuggire ai pensieri che già mi assalgono. Dopo l'accaduto, l'idea di rientrare in ufficio mi spaventa, e la montagna di lavoro che mi aspetta non aiuta certo a far risalire la colonnina dell'entusiasmo. Ho voglia di una cosa sola: evadere, rifugiarmi nel sonno! Andare in letargo e riemergere in primavera! I due giorni che seguono non smentiscono i miei pronostici: sono estenuanti. Cammino rasente i muri e macino lavoro. In agenzia sono tutti tesi come corde di violino e l'atmosfera è elettrica. Così sono proprio contenta di defilarmi per qualche ora e raggiungere Benjamin all'atelier. Ho l'impressione che lui si accorga di quanto sono stressata non appena mi vede arrivare.

«Ha fatto bene a venire!» dice sorridendo mentre mi prepara una bevanda ricostituente dalla ricetta segreta.

Mi chiede com'è andato il Natale in famiglia. Gli descrivo sommariamente i miei genitori, gli dico quanto mi mancano e quanto mi fa stare bene passare del tempo con loro. Benjamin mi ascolta con interesse e, per una frazione di secondo, penso che frequentarlo per me sia davvero salutare. "Ecco una persona che ha un effetto positivo!" mi dico. Sono contenta di condividere con lui questo momento.

Gli spiego che in treno non sono riuscita a svolgere il compito che mi aveva assegnato. Ci mettiamo al lavoro sulle *punchlines* per la festa dell'agenzia, concentrati, coscienziosi; eppure la nostra seduta creativa è interrotta da sonore risate. È così divertente scrivere una parola buona per ciascuna persona dell'ufficio! A quanto pare funziona anche come sfogo, perché dopo un paio d'ore mi sento molto meglio. Benjamin lo nota.

«Oh!»

«Che c'è?»

«Finalmente ha ricominciato a rilassarsi!»

«Ah! Trovava che prima fossi tesa?»

«Sì.»

Il suo sorriso è come un balsamo... Farei volentieri un abbonamento annuale per vederlo tutti i giorni.

«C'è qualcosa in particolare che la turba?»

Mi acciglio. «Non voglio scocciarla con queste storie...»

Lui insiste, dice che non lo scoccio per niente, che forse mi farebbe bene parlarne. Alla fine mi sbottono e gli racconto dell'episodio di Virginia e dello stagista. Non crede alle sue orecchie.

«Caspita, nella sua agenzia ne succedono di cose!»

Annuisco, preoccupata.

«Non mi piace vederle quell'espressione pensierosa! Non dovrebbe angustiarsi così. Lei è superiore a tutto questo, Joy!»

«Bah...»

Devo avere l'espressione di una che non è per niente convinta. Lui con il dito mima il movimento di un'elica sopra la mia testa, accompagnando il gesto con un verso. «Provi con l'elicottero!»

«L'elicottero?»

«Sì, per prendere le distanze. Si diverta a coltivare il distacco...»

Dovrei ribattere che non capisco cosa ci sia di divertente nella mia situazione, anche se credo che farei bene a seguire il suo consiglio. Ora però devo andare, ho un altro appuntamento... Detesto questa sensazione di essere sempre in affanno, sempre di corsa. Ma soprattutto non ho nessuna voglia di lasciare questo posto rasserenante, tanto più che Rayane e Carmen sono appena arrivati e mi riservano un'accoglienza che scalda il cuore.

Carmen mi intercetta mentre mi infilo il cappotto. «Joy, fa qualcosa per Capodanno?»

Vedo Benjamin che mi osserva con la coda dell'occhio mentre aspetta la mia risposta. Penso a Ugo. Ha promesso che passerà a trovarmi. E io, naturalmente, non posso che rifiutare qualsiasi invito per la serata.

«Io... io non so ancora... però penso di avere un impegno, sì.»

Carmen e Benjamin si scambiano uno sguardo d'intesa. Sanno che il mio impegno è Ugo. Ma Carmen, da persona piena di tatto qual è, non fa allusioni.

«Ah! Be', se per caso si liberasse, ci raggiunga! Organizzo una festicciola per celebrare degnamente l'avvento dell'anno nuovo! Le mando un messaggio con l'indirizzo, okay?»

«La ringrazio, Carmen. E grazie mille per l'invito, è davvero gentilissima...»

Benjamin mi accompagna alla porta. Scambiamo ancora due parole su qualche dettaglio della preparazione dell'evento, poi lui butta lì: «Anche a me farebbe piacere se fosse dei nostri per l'ultimo dell'anno...».

Siamo l'una davanti all'altro e non so cosa rispondergli. Non vorrei deluderlo, ma al momento ho una gran confusione in testa. Resto sul vago, sottintendendo che c'è una possibilità, prima di allontanarmi a passi rapidi.

Le sue parole mi risuonano ancora nelle orecchie mentre scendo le scale della metropolitana: "Anche a me farebbe piacere se fosse dei nostri". Ammetto che l'idea di far parte di un gruppo come il loro mi suscita sensazioni molto piacevoli... e lo stesso vale per la compagnia di Benjamin. Ma per ora devo occuparmi di uno *shooting* fotografico importante, che mi mette in agitazione: so che ci sarà Virginia, e anche il mio stagista... Mi chiedo come farò a tollerare la loro presenza. Ho ancora dieci fermate per pensarci.

30.

Quando arrivo sul set, il team è già in piena effervescenza. Un alveare brulicante di attività! I tecnici corrono in tutte le direzioni, installano fari, regolano le luci. Vado dritto a salutare Michaela, la nostra cliente, che rappresenta La Boutique Officielle.com. È nervosa, si chiede se andrà tutto bene. Lo *shooting* raggruppa vari personaggi importanti dei reality del momento, chiamati a dare un *boost* all'immagine delle sue marche di abbigliamento.

Con discrezione, mi confida le sue preoccupazioni. Quasi sussurra, perché non la senta nessun altro: anche le pareti dello studio hanno orecchie.

«Sai com'è, questa gente dei reality è del tutto imprevedibile. Possono dare il peggio così come il meglio di sé! Spero proprio che non ci siano intoppi. Ieri ho letto sui social che Carla era arrabbiata con Benji. Sarebbe una catastrofe se iniziassero ad avere problemi tra loro.»

Ed ecco che SuperJoy entra in scena: rassicurare, confortare, ridare il sorriso è il mio lavoro! Sono abituata a tamponare i piccoli attacchi di panico dell'ultimo minuto dei nostri clienti e so quello di cui hanno bisogno: molto ascolto, gentilezza, un buon caffè e... qualche macaron della Durée! L'effetto è immediato. Michaela si rilassa un po'.

«Sei un angelo!»

«Non ancora. Però non è escluso che mi presenti al provino!»

Gli angeli è un altro reality molto famoso: non ho potuto trattenermi dal fare questa battuta che lei, senza accorgersene, mi aveva servito su un piatto d'argento. Michaela sta al gioco e si mette a ridere, definitivamente rilassata. Bene così. Nondimeno sono piuttosto risentita quando mi squadra dalla testa ai piedi come se stesse valutando il mio look e il mio aspetto fisico.

«Tu, negli *Angeli*!» Ride come se fosse la miglior barzelletta dell'anno.

A quanto pare, non ho il corpo da sogno richiesto per il ruolo. Non mi formalizzo. Sono abituata a questi universi implacabili in cui tutto si decide in base all'apparenza. A volte tanta superficialità mi dà la nausea. Ma dopotutto preferisco concentrarmi sul mio lavoro, che consiste nell'agire affinché tutto vada al meglio. Inizio quindi ad aggirarmi sul set per sondare il morale delle truppe e assicurarmi che tutti comunichino. Le nostre star dei reality sono già al trucco. Li si sente da lontano: oltre che essere volubili, sono decisamente poco discreti. I parrucchieri si danno da fare, armati di piastra; truccatori e truccatrici lavorano concentrati, chini sui visi, nel tentativo di stendere fondotinta e fard su soggetti riottosi che non stanno fermi un secondo. Sto scambiando due parole con una di loro, che conosco bene e che apprezzo molto, quando vedo Virginia dirigersi come una furia verso di me.

«Sei arrivata, finalmente? Era ora!»

Il tono di rimprovero che sento nella sua voce mi infastidisce. «Sì, avevamo detto alle 17.00, se non ricordo male.»

Lei guarda l'orologio e presumibilmente scopre che sono le 17.15. Alza le spalle e non si scusa affatto di avermi aggredita.

Inizia invece a darmi le sue direttive. O, più precisamente, mi abbaia degli ordini. Non ho bisogno di una laurea in psicologia per capire che ha deciso di punirmi per la mia sfortunata scoperta, come se fossi colpevole.

«Non dimenticare di fare qualche foto dello *shooting* per i nostri canali social. E cerca di stare attenta a come inquadri: quelle dell'ultima volta facevano un po' schifo.»

Il mio stagista si materializza dietro di lei. Detesto quel sorriso di scherno che gli compare sulla faccia quando mi vede.

«Ah, ciao, Joy, tutto a posto?»

Poi si gira verso Virginia, senza più fare caso a me.

«Qui è pazzesco! Sono troppo contento di essere venuto! E sai cosa? La produttrice mi ha chiesto il numero di telefono. Dice che ho un viso interessante. È incredibile, no?»

Virginia, sempre a denti stretti, mi lancia brevi sguardi, preoccupati e minacciosi al tempo stesso. A disagio, prende FF per il braccio e lo trascina via. Nelle due ore seguenti, mentre corro da tutte le parti, con dieci mani e occhi ovunque per anticipare i problemi, intuire i desideri, facilitare la missione, vedo FF comodamente seduto con Virginia. Ridono, parlano fitto e nascondono a stento l'intimità del loro rapporto. Virginia gli sfiora il braccio e lui le lancia occhiate roventi... Sinceramente, trovo che sia davvero troppo dare spettacolo in questo modo in pubblico. Ma forse ragionare così è scorretto da parte mia, considerato il doppio gioco che porto avanti da due anni.

Quando Ugo arriva sul set, ho un tuffo al cuore. Non era affatto previsto! Mi raggiunge non appena mi adocchia. Mentre scambiamo qualche parola, mi accarezza il braccio, esattamente come Virginia ha appena fatto con il mio stagista. Il sangue mi si ghiaccia nelle vene e lo respingo un po' freddamente, indicando sua moglie con un cenno della testa. Si irrigidisce per un secondo, ma si riprende subito. È la grande forza dei giaguari come lui.

All'improvviso, sul set si scatenano fulmini e saette. Stava andando tutto bene, ma ora è scoppiato un litigio tra due tizie del reality. Per una volta non poteva filare tutto liscio, senza incidenti! La loro reputazione di piantagrane è fondata. Capisco in un batter d'occhio l'oggetto del contendere: la bionda formosa rimprovera alla bruna vulcanica di averle fatto «sbagliare» il suo scatto. Le due, che passano per migliori amiche nella vita, sembrano sul punto di venire alle mani. Raramente ho sentito un livello di decibel così alto in una stanza. Virginia mi dà uno spintone per gettarmi nella fossa dei leoni.

«Fa' qualcosa!»

Cerco di frappormi tra le dee in piena crisi isterica e nella concitazione mi prendo un colpo in faccia, che almeno sortisce l'effetto di calmarle all'istante. Cominciano a chiedermi scusa, non fanno che ripetere in continuazione quanto siano dispiaciute mentre vengo accompagnata a sedermi. Ugo accorre con del ghiaccio e me lo appoggia sulla tempia dolorante.

Arriva anche Virginia, visibilmente infastidita nel trovare suo marito inginocchiato a prendersi cura di me.

«Joy, sei a posto? Abbiamo un sacco di carne al fuoco e non ho voglia di passare la notte qui.»

"Ah, no? E dove preferisci passarla, la notte?" avrei voglia di chiederle. La situazione è così paradossale che mi viene quasi da ridere.

«Ma lasciala in pace! Si è appena presa un cazzotto pazzesco!»

Sono colpita dall'intervento di Ugo in mio favore. Mi si scalda il cuore.

Offesa, Virginia gira i tacchi, brontolando: «Benissimo! Mi occuperò personalmente delle cose, visto che sono circondata da infermi!».

Tutta quella mala fede mi strappa un singulto di indignazione che camuffo con un finto accesso di tosse. Intanto si sono fatte le 18.30: l'ora del catering. È prevista una pausa con rinfresco per tutti prima di passare alla seconda parte dello *shooting*. Ci ritroviamo allo stesso tavolo noi quattro – Ugo, Virginia, il mio stagista e io –, davanti ai nostri piatti freddi. Ma il vero freddo non viene da lì. Siamo rigidi come gatti di marmo e l'imbarazzo è palpabile. FF, di colpo molto meno a suo agio di prima, emette piccoli risolini nervosi. Quando, senza volerlo, con il piede tocca quello di Virginia, fa un salto di tre metri e, urtando il tavolo, rovescia la soda. Ugo impreca. Lui e io prendiamo dei tovaglioli per asciugare e le nostre mani si sfiorano. Le allontaniamo di scatto, come se avessimo preso una scossa elettrica. Un po' inappropriato come comportamento: non può essere sfuggito a Virginia. Adesso ho l'impressione che lei ci stia squadrando con una strana faccia e le sopracciglia aggrottate. FF tormenta il suo tovagliolo di carta e riempie il tavolo di palline. Io faccio finta di spiluccare le briciole di pane per poter tenere lo sguardo basso. Mangiamo in un silenzio pesante, interrotto da qualche banalità, ed è un immenso sollievo quando la produttrice dà il segnale della ripresa. Mi prendo cinque minuti per andare a chiudermi in bagno. Ho bisogno di recuperare la calma. Tiro fuori il cellulare con un gesto compulsivo; sento la tentazione di scaricare qualche app. Poi rivedo il viso di Benjamin e nelle orecchie mi riecheggia ciò che ha detto quando ha scoperto la mia fissazione digitale.

«Lei non ha bisogno di tutto questo, Joy! Duecentoquaranta app? Sul serio? Pensavo che le donne collezionassero scarpe!» mi ha presa in giro. «Non crede che sarebbe ora di iniziare a disinstallarne qualcuna, solo per alleggerirsi un po'?»

«Ma se la cosa mi rilassa?»

«Mi creda, ci sono modi molto migliori per rilassarsi rispetto a tutte queste app che controllano i passi, il sonno, le mansioni, il tempo libero... È come se lei avesse messo un'armatura alla sua mente! Lo trovo soffocante... Deve disapplicarsi, Joy. Le assicuro che ne varrà la pena.»

Qualcuno bussa forte alla porta. Sarà una di quelle piccole star di reality che ha bisogno urgente di accedere al bagno; devo liberare il campo all'istante. Accarezzo un'ultima volta il cellulare e lo metto in borsa, contenta di non aver ceduto. Sento però crescere dentro di me un'innegabile preoccupazione. Con tutto ciò che ho scoperto sui retroscena dell'Ottava Sfera, non posso non chiedermi come andrà a finire questa faccenda.

31.

Il mio cellulare sta squillando a ripetizione da cinque minuti buoni, ma non trovo la forza di muovermi. Morninglife, la app del risveglio, non ha pietà; per metterla a tacere bisogna disattivarla manualmente. Vorrei darmi per «dispersa sotto il piumone». Penso a quello che Rayane mi ha raccontato l'altro giorno, e cioè che per cominciare bene la giornata, nella gioia e nella gratitudine, si concede quaranta minuti di yoga «in modo che l'anima abbia il tempo di ridiscendere tranquillamente nel corpo». Non potevo credere alle mie orecchie! È difficile immaginare che un tipo originale come lui, un alternativo, un casinista, metta in atto rituali del genere! Ancora me lo vedo mentre mi spiega i benefici del saluto al sole.

«Se non si dice buongiorno alla vita, come si può pensare che la giornata vada bene?» ha aggiunto con una convinzione al contempo deliziosa e disarmante.

Quanto a me, oggi sciopererei volentieri dalla vita. Stufa, sfinita e demotivata come sono, ho voglia di tenere le tende tirate e starmene al caldo sotto le coperte, a guardare la notte che a stento lascerà posto al giorno, in questa stagione invernale in cui la luce debole fatica a farsi strada. Mi sento già aggredita dal rumore, dalla gente, dall'agitazione tutta particolare che regna in città nel periodo delle feste. "O è la prospettiva di passare l'ultimo dell'anno all'Ottava Sfera che ti fa stare male?" Alla mia vocina interiore non posso proprio nasconderle nulla! In effetti, la squadra al completo è attesa al lavoro, in agenzia. Per i Badass il fatto che sia il 31 dicembre non è una scusa valida per non farsi trovare pronti ai blocchi di partenza. Anzi, è proprio questo il momento in cui i vari brand cercano soluzioni per acquisire la maggior visibilità possibile. Per le campagne di comunicazione, e per noi, di conseguenza, sono giorni molto intensi. Mi alzo con il corpo pesante, come se mi avessero attaccato delle zavorre alle caviglie. Passando vicino al tavolino del salotto, sfioro con le dita il cofanetto che mi ha dato Ugo due giorni fa. Il suo regalo di Natale: una penna Mont-Blanc. Bella, lussuosa, avrebbe potuto colmarmi di felicità, se fosse stata offerta con affetto e non di soppiatto, per timore che qualcuno vedesse. Non lontano dal tavolo e dalla Mont-Blanc di Ugo, intravedo il vasetto di Benjamin. Mi avvicino e noto che i semi hanno iniziato a germogliare, anche se per ora sono solo minuscoli puntini verdi. Li avevo seminati appena prima di partire per andare dai miei nell'Ovest e, al ritorno, ero certa di quello che volevo far crescere. Così ho scritto sul cartellino la parola GIOIA e l'ho piantato con soddisfazione nel terriccio.

Sono due regali molto diversi, quasi opposti. Uno è molto costoso; l'altro vale oro ma in un altro senso. Qual è il più prezioso?

Devo spicciarmi. Sono in ritardo, per colpa di tutti questi stupidi pensieri. Appena metto piede in ufficio, Cataretta mi piomba addosso, nervosissimo. Istintivamente mi ritraggo, non so se per l'odore di tabacco che emana già di prima mattina o per quella serie di «fai questo, fai quello» che mi vomita addosso senza alcun ritegno. Incasso stringendo i denti. Evito per un pelo Taser alla macchinetta del caffè. Gli effetti dello Specchio riflesso purtroppo non sono durati a lungo. Il lupo perde il pelo ma non il vizio, c'è poco da fare... Invece incappo in VIP' in fondo al corridoio.

«Vedo che ti sei goduta le feste, Joy!»

Il suo sguardo si sofferma sul mio sedere fasciato in una gonna scelta in fretta e furia. Avevo dimenticato che mi ero ripromessa di eliminarla. La gonna, intendo. Ma pure eliminare VIP' sarebbe un gran piacere.

Adocchio il mio stagista che prende il caffè con Virginia nell'ufficio grande. Be', il ragazzo non si fa problemi. Virginia mi vede a sua volta e, con un viso duro, chiude la porta della stanza per sottrarsi al mio sguardo indiscreto. D'un tratto mi sento vittima di un'ingiustizia. Sono loro i colpevoli, e io subisco le rappresaglie! Ma, dopotutto, dal momento che Virginia si prende simili libertà, non dovrei sbarazzarmi del senso di colpa per la mia relazione con Ugo? Ed ecco che arriva il primo pensiero gioioso della giornata. Forse anche per me c'è una tenue fiammella di speranza. La coppia Ugo-Virginia potrebbe scoppiare. Ugo finalmente sarebbe libero. E noi due potremmo vivere per sempre insieme felici e contenti... Con Édith Piaf che mi canta nella testa e un sorriso a trentadue denti torno nel mio ufficio, ma a questo punto la concentrazione, che già era poca, è evaporata del tutto. All'improvviso ho una voglia tremenda di vederlo. Passo l'ora seguente ad aspettare il suo arrivo. Quando finalmente entra in agenzia, il cuore mi sobbalza nel petto. Provo l'impulso di corrergli incontro, di saltargli al collo. Tento di calmarmi leggendo e rileggendo l'orribile dossier che mi ha sbolognato Cataretta. Ma niente. Adesso voglio che Ugo venga da me! Devo a tutti i costi sapere se stasera potremo stare insieme! Non appena infila la testa nel mio ufficio, salto giù dalla sedia e in un nanosecondo sono da lui. Lo trascino dentro, richiudendo la porta alle sue spalle. Subito dopo iniziamo a parlare a voce bassa.

«Mi sei mancato così tanto! Come stai? Ci vediamo stasera? Riesci a passare da me?»

Mi rendo conto che il mio è un monologo, così mi fermo e lo guardo dritto negli occhi, piena di trepidazione. Lui frena i miei ardori. Sembra vagamente in imbarazzo. Evasivo.

«Sì, cercherò di fare un salto per un paio d'ore. Dirò a Virginia che la raggiungerò alla nostra festa di Capodanno. Per fortuna non è una cena vera e propria».

Mi sta bene: un paio d'ore mi sembrano già una cosa fantastica. Tutta felice, mi avvicino per dargli un bacio sulle labbra.

Mi respinge in modo un po' brusco. «Ma sei pazza? Vuoi che ci scoprano?»

Come dirgli che è proprio quello che voglio? Che la nostra storia venga alla luce. Che lui scelga me. Ma le parole non mi escono dalla bocca.

«Scusa, mi sono lasciata trascinare...»

Borbotta che non fa niente, con un tono che sembra dire esattamente il contrario. È di fretta. Ha delle riunioni. Delle call, come le chiama lui,

«Allora ci vediamo più tardi?»

Non risponde. È già da un'altra parte, indifferente a quel «più tardi» che mi sembra così cruciale. Un «più tardi» che per lui non ha lo stesso significato che per me.

Tutto è pronto. Lo aspetto, dovrebbe arrivare da un momento all'altro. Le ultime ore in agenzia sono state un supplizio, ma per fortuna tutto passa. Ho preparato una bella tavola con due lunghe candele rosso e argento, una tovaglia bianca, l'unica che possiedo, e dei piatti comprati al volo mentre tornavo a casa, qualcosa di adatto alla serata di festa. Naturalmente sarà solo un aperitivo. Di cena, nemmeno a parlarne. Ma ci tenevo tanto a «fare come se» potessimo avere la serata per noi!

Dunque, tutto è pronto. Mi siedo. Conto i minuti. Giro e rigiro la forchetta, rebbi in alto, rebbi in basso. Aspetto, non riesco a fare altro. Ogni trenta secondi do un'occhiata al cellulare per controllare l'ora, però evito di guardare i messaggi. Ho troppa paura di trovarne uno suo in cui mi annuncia un impedimento dell'ultimo minuto. Sono nervosa, felice all'idea di vederlo, infelice all'idea che il suo ritardo eroda il tempo, già così risicato, che potremo passare insieme. Finalmente suonano alla porta. Mi precipito ad aprire. È lui. Entra senza guardarmi, con una bottiglia di champagne in mano. Va verso il tavolo, che conosce bene, e senza dire una parola la stappa. Riempie due bicchieri e mi invita a brindare.

Ha l'aria di uno che va di fretta, pare quasi in affanno. Me ne frego, l'importante è che ora sia qui.

Abbozza delle scuse per il ritardo: un artista rompiscatole

più del previsto, poi è dovuto passare da casa per cambiarsi, visto che da qui deve andare direttamente alla sua festa. Lo ascolto a malapena, concentrata come sono sui lineamenti scolpiti del suo volto, sulle sue maniere da leader, che fanno sì che ovunque vada si comporti come se fosse del tutto a suo agio. È la sua forte personalità ad avermi sedotta in questo modo? Probabilmente sì. Non so cosa darei per avere un decimo della sua sicurezza. Addenta con nonchalance due o tre crostini al foie gras, beve una seconda coppa di champagne. Per una volta, mi piacerebbe che parlasse di qualcosa di diverso dal lavoro, ma in fondo, purché stia con me, mi va bene tutto.

Quando si avvicina, con gli occhi brillanti, per abbracciarmi e baciarmi, cerco di approfittarne, di cogliere l'attimo. Di non essere già nel «dopo», quando lui se ne andrà e rimarrò da sola. Come sempre.

La porta si è appena chiusa. Il «dopo» è arrivato troppo presto. Rimango piantata lì, con il profumo di lui che aleggia nell'aria e mi avvolge. Mi sento vacillare un po', devo appoggiarmi alla console. Mi gira la testa per il nostro amplesso rubato. Nella sua frenesia non mi ha lasciato nemmeno il tempo di arrivare in camera. Mi ha presa così, d'impeto, in corridoio. Mi sembra di percepire ancora il suo respiro caldo sul collo, rivedo la mia gonna alzata in fretta e furia, i collant abbassati sulle scarpe che non ho potuto togliermi, il suo corpo contro il mio, in fiamme, risoluto e senza traccia di pudore o imbarazzo.

«Mi è piaciuto un sacco!» mi ha sussurrato con voce roca mentre si riaggiustava il vestito per essere presentabile alla sua serata mondana.

Poi per un secondo deve aver pensato a come sarebbe stato il mio Capodanno in solitaria.

«Be', non te la passerai male! Champagne, foie gras... una cenetta da re in santa pace davanti alla TV!» ha detto con tono scherzoso, mentre io sorridevo a denti stretti del suo umorismo.

Quindi si è chinato verso di me per darmi bacio sulla guancia e ha aggiunto una frase che mi ha lasciata senza parole.

«Sai cosa? Quasi quasi ti invidio!»

E se n'è andato.

32.

Da due ore e mezzo cerco di convincermi che sto passando una splendida serata. Festeggio con un sacco di prelibatezze. In effetti sul cibo non ho lesinato. Ho preso foie gras, uova di salmone, *blinis*, scampi... E tutto solo per me! Penso a quanto sono fortunata mentre, sprofondata nel divano con la TV accesa, immergo un crostaceo nella maionese. Mi cade un po' di salsa sulla gonna. Raccolgo la viscosa montagnetta gialla con la punta di un dito e me la porto alla bocca, proprio come un porcellino. Me ne frego! Chi mi vede, in fondo? Rido versandomi un'altra coppa di champagne. Non è una serata meravigliosa? Nessuno mi disturba, niente feste noiose né riunioni di famiglia. Solo tranquillità, solo pace! Fantastico.

Dopo venti minuti sto singhiozzando sul mio grosso cuscino giallo.

Passati dieci minuti il mio orgoglio mi tira un sonoro ceffone.

Cinque minuti più tardi sono in bagno a ricompormi. Mi faccio un caffè bollente. Ho deciso: è fuori discussione che io inizi l'anno come un cane abbandonato. Come minimo devo uscire. Non posso restare chiusa in casa a commiserarmi. Tento con l'autopersuasione.

Altri dieci minuti e mi chiudo la porta alle spalle. Ovunque si sentono rumori di stoviglie, chiacchiere, risate: le strade di Parigi sono un concerto di festeggiamenti. Decido di usare Vélib' invece della metropolitana. In bici, il freddo pungente mi schiarisce le idee. Ho il cuore in tumulto e forse anche un po' fuori posto. Pedalo mentre i pensieri si ingorgano. Rifletto sulla mia relazione con Ugo e mi sembra di non avere nessuna via d'uscita. L'orizzonte è come un muro. La visita lampo di stasera avrebbe dovuto farmi piacere; dopotutto, quel gesto non è forse stato uno sforzo da parte sua? In realtà, mi ha lasciato un gusto amaro in bocca. Mi rendo conto che questi momenti rubati, che dovrebbero riempirmi e rendermi felice, mi lasciano più che altro un gran vuoto dentro. Lui se ne va, e io resto sola. Mi sento abbandonata, niente di più e niente di meno! Essere dimenticata è una delle mie peggiori paure. Avrei voluto essere la sua preferita; la donna che si venera, che si sceglie, che si riempie di attenzioni. Immersa nel mio sconforto, non mi accorgo di un semaforo rosso e a momenti mi faccio investire da una Porsche poco incline a prestare attenzione ai velocipedi. Grido. Cado e ammortizzo l'impatto con l'avambraccio. Mi fermo un momento sul ciglio della strada per riprendermi dallo spavento. Impreco, ma l'auto è già lontana. Mi sento un groppo in gola: i singhiozzi vorrebbero uscire, ma rimangono strozzati lì, a chiudermi la trachea. Forse ho paura che, se dessi la stura alle mie emozioni adesso, non sarei in grado di controllarne il flusso. Risalgo sulla bici e mi accorgo che il braccio sanguina. In effetti sentivo un gran bruciore! Chissenefrega. Non m'importa di niente. Io e il mio dolore ci diciamo che le strade di Parigi, comunque, sono davvero suggestive: la bellezza non elimina la tristezza, ma dà conforto, è una specie di premio di consolazione. Imbocco il quai de Gesvres e arrivo vicino al ponte di Notre-Dame. "Un magnifico ponte", penso. Mi fermo per un momento a osservare le sue impressionanti sculture: re e santi, come sempre, e lì, probabilmente, una divinità greca. Contemplo le onde della Senna, scure come un manto setoso color petrolio. Rabbrividisco e istintivamente faccio un passo indietro. Comincio a sgridarmi da sola. Devo assolutamente darmi una scossa. Non sapevo che il mio genitore interno potesse essere così imperioso.

"Non hai il diritto di piangerti addosso in continuazione!"

"Ma sono sola!"

"Sei sola perché lo vuoi tu! Ti ricordo che stasera eri stata invitata a una festa!"

"Una festa?"

"Soffri di amnesia?"

"Quale festa?"

"Quella di Carmen, guarda un po'!"

"Ma non posso mica andarci così... Ho una faccia orribile, non sono ben vestita..."

"Smettila di inventare delle scuse! Lo sai perfettamente che non sono il genere di persone che fanno caso a questi dettagli! Va' da loro. Ti piacciono, quei piccoli Max. Sono adorabili, non puoi negarlo. Quindi, non stare nemmeno a pensarci. Vai e basta, chiaro?"

So che è la decisione giusta. Guardo l'orologio: le 23.15. Merda! Di già! Non si può arrivare tardi a una festa di Capodanno! E per di più a mani vuote. Il mio genitore interiore interviene di nuovo e mi esorta a spicciarmi. Okay, ho capito. Considerate le circostanze, credo che me ne fregherò delle convenzioni e troverò il coraggio di andarci in questo stato, anche se non sono certo uno splendore.

33.

Da quanto tempo Benjamin non ballava così! È un piacere lasciare che il corpo si esprima liberamente, al ritmo di musiche che farebbero muovere perfino i sassi! Va detto che Rayane, che si è improvvisato DJ, ha scovato delle vere e proprie perle, delle chicche irresistibili: è impossibile non cantare e ballare. Carmen ha fatto le cose per bene. Si sposta da un gruppetto all'altro, come un'ape intenta a succhiare il nettare della convivialità. "È incredibile", pensa Benjamin, non senza una punta di invidia per la sua amica. Naturalmente, con quaranta persone stipate nel piccolo appartamento non restano molti centimetri quadrati liberi... ma pazienza, l'atmosfera è pazzesca. Cosa c'è di più bello che vedere tutta questa gente che si diverte? Carmen non smette mai di stupirlo. È riuscita a crearsi un giro di amici di tutte le età. «Un allegro miscuglio», come ama dire lei.

«Ma perché dovrei limitarmi a frequentare i miei coetanei?» ha chiesto, quasi seccata, il giorno in cui hanno fatto quella conversazione. «Che noia! Non ho nessuna voglia di vivere come una nonnina!»

Poi gli ha maliziosamente confidato il suo segreto per farsi dei BFF, e Benjamin l'ha guardata con gli occhi sbarrati.

«BFF? Che roba è?»

«*Best friends for ever!* Non sei per niente aggiornato, mio povero caro», lo ha preso in giro lei con affetto.

Benjamin si è aggiudicato un rapido corso sui rudimenti della socializzazione contemporanea. Per incontrare gente nella propria città bisogna innanzitutto «googlare le buone idee».

«Tu non sai quante possibilità ci sono! È da non credere come la vita possa cambiare con uno schiocco di dita. Un attimo ti credi solo al mondo, e quello dopo sei circondato di gente e non sai più da che parte girarti! JumpinParis, Excuse my party, le serate Chérie Chéri, le associazioni, Eventbrite, Meetup, Meetmeout... per citarne solo alcuni!»

È evidente che Carmen ha una rete di amicizie ben più estesa della sua. "*Chapeau*", pensa Benjamin, inviando da lontano un bacio all'amica. Abbracciata al suo fidanzato, è raggiante di gioia. Gli fa davvero piacere vederla così. Quanto a lui, è da mezz'ora che una bella mora sta tentando un approccio visibilmente ben rodato: individuata la preda, balla da sola nelle immediate vicinanze, lanciando occhiate d'intesa, ma senza esporsi troppo; segue qualche sorriso ben dosato; infine, penetra nell'area di rigore: la zona di seduzione, a meno di un metro di distanza. La ragazza ondeggia con grazia e Benjamin, eccitato dall'atmosfera di festa, deve ammettere che ha segnato dei punti. La giovane sirena acquista sempre più sicurezza e per concludere incolla il corpo a quello di Benjamin per una salsa indiavolata. A un certo punto si sente suonare il campanello e lui vede Carmen aprirsi un varco in mezzo alle persone per raggiungere la porta. Il corpo di Benjamin si blocca di colpo quando entra Joy. La sua partner di ballo continua a dimenarsi contro di lui, infastidita per l'interruzione.

«Suuu!» gli urla in un orecchio.

Benjamin si libera come può. «Scusa, devo andare a salutare un'amica.»

Con una smorfia contrariata, la ragazza lo lascia andare, senza mollarlo con lo sguardo. Quando Joy si accorge di lui, gli rivolge un tenue sorriso. Non c'è bisogno di essere degli indovini per capire che non è un gran momento per lei. A Benjamin si stringe il cuore nel vedere il suo viso distrutto. Carmen l'ha già presa sottobraccio per trascinarla verso il buffet, e in un batter d'occhio Joy si ritrova attorniata dai premurosi tre piccoli Max.

«Mi dispiace, sono venuta a mani vuote.»

«Non fa niente, abbiamo tutto quel che serve qui!» esclama Carmen tendendole una coppa di champagne.

Rayane le prepara un piatto con qualche crostino. «Stia tranquilla! Vedrà come si divertirà, Joy! Mi sono dato da fare.»

Benjamin si fa più vicino. «Sono contento che lei sia venuta.»

«Non ero sicura che fosse una buona idea, ma...»

«Non c'è idea migliore, Joy.»

La fissa negli occhi e non distoglie lo sguardo. Vorrebbe poter scacciare quel velo che li offusca. Il contatto visivo tra loro si prolunga, dolce, gradevole ma anche un po' conturbante. E poi? La sirena dai boccoli scuri viene a interrompere il momento. Trascina Benjamin via dal buffet e lo porta di nuovo in pista. Da lontano, lui fa dei cenni di scusa a Joy e tenta di indicarle a gesti che tornerà subito. Rayane inizia il conto alla rovescia al microfono. Manca poco a mezzanotte! «Dieci, nove, otto, sette, sei...»

Benjamin vorrebbe girarsi verso Joy, ma la ragazza l'ha arpionato perché facciano la conta dei secondi insieme. «Cinque, quattro, tre, due...»

«Buon anno!»

L'appartamento esplode. I coriandoli volteggiano dappertutto, si sentono risate, grida di gioia, auguri. Tutti si baciano e si abbracciano. Benjamin ha una sola idea in testa: raggiungere Joy. La vede, ancora appoggiata contro il tavolo delle vivande, con un leggero sorriso di facciata che non riesce a mascherare la sua malinconia, bella nella sua sobrietà che contrasta con l'atmosfera della festa. Si guardano attraverso la folla. Joy non lo lascia più con gli occhi. Benjamin avanza verso di lei. È a un passo quando qualcuno lo costringe a girarsi e gli prende il viso. Sente una bocca avida appoggiarsi alla sua, mentre due mani gli tengono saldamente la nuca. La sirena della pista da ballo! Cerca di respingerla, ma l'euforia, rinforzata da un eccesso di bollicine, la rende ancora più tenace. Sarebbe più facile liberarsi da una liana della foresta equatoriale! Quando finalmente ci riesce, Joy è scomparsa.

34.

Non so proprio perché ho avuto la stupida idea di venire a questa festa. Come ho potuto pensare che mi avrebbe fatta svagare? Mi sento peggio di prima. In un paio di secondi trovo il mio cappotto nella pila di vestiti ammonticchiati sul letto in camera di Carmen. Non è troppo difficile: sono arrivata per ultima, quindi è proprio in cima. Non ho nemmeno il coraggio di salutare la padrona di casa. Il mio unico desiderio è fuggire da qui, allontanarmi da questa folla di gente felice che, per contrasto, mi dà la nausea. Una volta da sola in mezzo alla strada, prendo una bella boccata d'aria gelida, che trasforma i miei polmoni in un freezer. Resto lì immobile per un momento. A dire il vero, non ho la minima idea di dove andare. Ma che importa? Non c'è nessuno che mi aspetta. Nessuno che si preoccupa per me. Tremo. Non mi metterò mica a frignare qui sul marciapiede, rendendo la situazione ancora più patetica... Decido di girare a sinistra. Lancio un ultimo sguardo al terzo piano, da cui si sentono provenire i rumori della festa. Rivedo la scena di Benjamin che bacia quella ragazza sulla bocca. È ridicolo: che diritto ho di sentirmi ferita? Non capisco la mia reazione. Ma cosa mi immaginavo? Che un uomo come Benjamin non avesse una fidanzata? È normale, lui! Non si infogna certo in storie improbabili e votate al fallimento come faccio io.

Una massa scura emerge dall'ombra e viene verso di me. Colta alla sprovvista caccio un urlo. È un senzatetto ubriaco; mi chiede se ho una moneta o una bottiglia. Faccio per frugare in borsa per dargli qualcosa.

"Merda! La borsa."

Come ho fatto a essere così cretina? Me la sono dimenticata alla festa. L'uomo, deluso dopo una falsa speranza, mi manda a quel paese. Che serata!

Sono obbligata a fare dietrofront, ma vedo un'altra ombra che corre nella mia direzione. Comincio ad avere un po' paura. Girovagare in piena notte l'ultimo dell'anno forse non è una grande idea per una donna sola e disorientata. Man mano che l'ombra si avvicina, inizio a distinguere meglio la sagoma.

«Benjamin?»

«Joy!»

Sembra senza fiato e preoccupato. A meno che non sia arrabbiato. Non l'ho mai visto in collera, ma non mi sento di escluderlo, considerata la profonda ruga in mezzo alle sopracciglia. Ci manca solo che mi sgridi pure lui! Contro ogni attesa, mi abbraccia e mi stringe forte. Mi sento di colpo invadere da una deliziosa sensazione di conforto. Il calore si diffonde dal suo corpo al mio. "Chiudere gli occhi e non muoversi mai più da qui..."

Quando si stacca, sento freddo.

«Joy! Perché se n'è andata così? L'ho cercata, ero così in pena! Quand'è arrivata, ho visto subito che c'era qualcosa che non andava.»

Mi prende per la spalla e intuisco che vuole riportarmi verso la festa. Mi blocco.

«No, non voglio tornare lì!»

«Ma perché?»

«Non voglio che mi vedano così...»

«Così come?»

«Distrutta!»

Mi divincolo e vado a sedermi su una delle panchine della piazzetta in cui ci troviamo e di cui non ricordo il nome. Lui mi raggiuge e mi si siede accanto. Giro un po' le spalle in modo che non veda il mio viso sfatto, allora si alza e fa il giro della panchina per mettersi davanti a me. Ho le guance rigate di lacrime: non sono riuscita a trattenermi! Sembra sconvolto nel vedermi così.

«Lei dovrebbe tornare alla festa. La sua fidanzata la starà aspettando», dico tirando su con il naso. Mi sento davvero patetica.

«Cosa le fa pensare che quella sia la mia fidanzata?»

«Quando... quando l'ha baciata... ho pensato...»

«Non c'è niente da pensare. Non la conosco nemmeno, e comunque è stata lei a baciarmi.»

Il suo tono dolce e suadente mi fa venire ancora più voglia di piangere. Penso di nuovo a Ugo, che mi tratta con così poco riguardo.

«Allora, cosa succede, Joy? Mi dica! Mi addolora vederla così triste.»

Mi tende un fazzoletto e mi soffio rumorosamente il naso. Il glamour è rimandato a data da destinarsi. Deve trovarmi orribile! Ma al punto in cui sono arrivata è inutile cercare di salvare le apparenze. Così vuoto il sacco e gli racconto tutto quello che mi fa star male: il rapporto con Ugo, che sta diventando tossico, il senso di abbandono perenne che provo perché lui non c'è mai, i nostri incontri lampo che mi lasciano un gusto amaro in bocca, la mia solitudine e la gioia che ho perso per strada...

Mi ascolta concentrato. Fa così bene ricevere un'attenzione tanto sincera! Benjamin attenua la mia tristezza senza parlare, solo con la forza della sua piena presenza. Quando mi interrompo, mi abbraccia di nuovo e restiamo così per un po'. All'inizio il mio respiro è corto e affannoso, poi piano piano si sincronizza con il suo fino a diventare calmo. Mi sento pervadere dalla gratitudine.

«Su, venga con me adesso. Se le va, le propongo di tornare al caldo!»

«Ma... la gente... Cosa penseranno di me? Ho una faccia orribile!»

Scoppia a ridere. «Innanzitutto, lei non ha per niente una faccia orribile. E poi a quest'ora nessuno ci fa più caso... Quel che conta adesso è scaldarsi.»

Annuisco, remissiva. Mi appoggio al suo braccio e camminiamo a passi lenti verso casa di Carmen.

Quando ci apre la porta, lei esclama con la sua voce tonante: «Be', e allora? Dove vi eravate cacciati voi due?». Sposta lo sguardo da me a Benjamin, per poi posarlo di nuovo su di me. «Okay, non voglio sapere nulla!» aggiunge con espressione maliziosa.

Quindi si allontana per raggiungere il fidanzato, immerso in una vivace conversazione con un piccolo gruppo di non-ballerini. Il salotto si è un po' svuotato, ma gli irriducibili si dimenano il doppio di prima. Benjamin mi accompagna in cucina e mi fa sedere su una sedia.

«Mi aspetti qui, vado a prenderle qualcosa.»

Tento di dirgli che non ho proprio fame, ma lui si è già volatizzato.

Torna un momento dopo. Guardo il piatto di salatini, la fetta di torta salata, il bicchiere d'acqua gasata e il suo sorriso scintillante. Anche se non ho appetito, addento uno stuzzichino, per fargli piacere. Poi un secondo. Poi passo alla quiche.

«Oh, sta riprendendo un po' di colore. Sono contento.»

Inizia a sembrarmi strano, questo fatto che continuiamo a darci del lei, con tutte le cose intime che gli ho detto di me. Ma in fondo la cosa non è priva di fascino, e poiché abbiamo un legame professionale non me la sento di fare questo ulteriore passo verso la familiarità.

Il cibo mi riscalda e mi procura un certo torpore. Sento il contraccolpo delle forti emozioni, come un boomerang, e una grande stanchezza inizia a calarmi addosso. Anche Benjamin pare accorgersene.

«Può dormire qui. Carmen accoglie sempre gli ospiti la notte di Capodanno.»

Potrei dire che preferisco tornare a casa. Ma da una parte non ne ho le forze, dall'altra non ne ho voglia. Benjamin mi mostra la stanza in cui diversi materassi sono già allineati a terra, con lenzuola e coperte. Mi infilo in uno dei letti di fortuna e la testa sprofonda subito nel cuscino come se fosse di piombo. Le palpebre sono così pesanti che si chiudono da sole. Ho ancora le energie, però, per tirarmi su di scatto e guardare Benjamin.

«E lei?» gli chiedo.

Deve percepire l'ansia nella mia voce, perché per rassicurarmi viene a sedersi accanto a me e mi accarezza i capelli. «Verrò anch'io tra poco, non si preoccupi.»

Mi piacerebbe continuare a sentire la sua mano calda contro l'orecchio, invece lui si alza e spegne la luce.

«A dopo» mormora uscendo.

Rincuorata all'idea di saperlo nella stanza accanto, mi abbandono subito a un sonno profondo e senza sogni.

Quando apro gli occhi non so più dove sono. Per un momento vado nel panico, prima che gli eventi della sera mi tornino alla mente. Ugo, il senso di abbandono, la festa da Carmen, il bacio della sirena, il momento dello sfogo con Benjamin. Ho un brutto mal di testa che mi fa pulsare le tempie. Vorrei alzarmi, ma qualcosa mi intralcia i movimenti. Mi accorgo che un braccio virile e tatuato è posato in diagonale sul mio corpo. Giro la testa e mi trovo naso contro naso con Benjamin, addormentato. Mi ritraggo d'istinto, poi ci ripenso. Non ho mai visto i suoi lineamenti così da vicino e ho voglia di studiarli nel dettaglio. Anche nel sonno, ha le labbra incurvate verso l'alto, quasi fosse pronto a sorridere. "Dorme tranquillo, come un uomo senza preoccupazioni", mi dico, invidiosa. "Ma come fa..." "Forse è meno paranoico di te", ribatte la solita vocina interiore, già bella sveglia nonostante sia il primo mattino dell'anno. Adesso non oso più muovermi, non vorrei svegliarlo. All'improvviso apre gli occhi. Li sgrana. Siamo così vicini che posso vedere le sue pupille dilatarsi per la sorpresa. La stranezza della situazione mi si rivela tutta d'un colpo: è piuttosto inusuale ritrovarsi tra le braccia di un fornitore con cui devo organizzare un evento di cruciale importanza nel giro di due settimane. Nondimeno, né io né lui interrompiamo il contatto visivo.

«Buongiorno!»

«Buongiorno.»

«Ha dormito bene?»

«Sì.»

Non pensavo che frasi così banali potessero contenere tanto calore e gentilezza.

«Vuole un caffè?» mi chiede a voce bassa.

Annuisco, passandomi una mano tra i capelli arruffati. Devo essere davvero in disordine!

«Glielo preparo.»

Esce dalla stanza, stando bene attento a dove mette i piedi, e mi rendo conto che altre sei persone hanno dormito con noi. Siamo ammassati gli uni accanto agli altri, come una cucciolata di cagnolini. Ecco perché Benjamin mi era appiccicato. Rimetto la testa sul cuscino e senza accorgermene sprofondo in una specie di dormiveglia, fino a quando sento una carezza sulla spalla. Benjamin regge due tazze fumanti. Accetto il caffè con gratitudine, ed entrambi sorseggiamo la bevanda in silenzio per non svegliare gli altri. Scopro una cosa che ignoravo e che imparo con Benjamin: esistono silenzi pesanti, ma esistono anche, in certi giorni fortunati, silenzi felici.

Questo è uno di quelli.

35.

Questo primo giorno dell'anno è successo qualcosa di speciale. È come se fosse scattato un interruttore. Credo di aver raggiunto un punto di non ritorno. Avverto una certezza nuova dentro di me: non voglio più continuare a vivere come un robot, sempre sotto pressione, reprimendo le mie emozioni. Ho la sensazione di essere sul punto di scoppiare a causa di tutti i sentimenti che ho inibito. Non mi ero resa conto del cocktail esplosivo che mi portavo dentro. Probabilmente preferivo ignorarlo, per paura di scoperchiare il vaso di Pandora, ma ora è arrivato il momento di farlo. Davo la colpa allo stress, al sovraccarico di lavoro, all'ordinaria stanchezza. Invece capisco che la questione è un'altra, più profonda. La relazione senza capo né coda con Ugo mi affossa il morale: «impaludarsi» è forse il peggio che possa capitare in una storia d'amore. Ops, devo cancellare la parola «amore». Come proposito per il nuovo anno ho deciso di togliere i paraocchi: se guardo in faccia la realtà, vedo solo una storia di letto che dura da tempo. Se non ci fossero stati i piccoli Max, avrei passato il Capodanno da sola, senza che questo desse il minimo pensiero al *caro* Ugo.

È incredibile come un'emozione possa nasconderne un'altra: ero convinta di essere triste, in realtà covo una gran rabbia. Forse è più salutare? Non lo so. In ogni caso, passo da uno stato di abbattimento e disfattismo, in cui sprofondavo per ore nello sconforto e in sterili rimuginazioni, a uno molto più reattivo: sento l'energia, la grinta, il senso di ribellione che montano... A quanto pare, non ho più voglia di subire la mia vita senza dire niente! Mi guardo allo specchio e non sopporto ciò che vedo: l'aria da cane bastonato, il taglio di capelli carino, i vestiti per tutte le occasioni. Ho bisogno di una metamorfosi. E una metamorfosi degna di questo nome deve essere evidente al primo sguardo...

Benjamin ha dato appuntamento al catering sul luogo dell'evento prescelto per la serata dell'Ottava Sfera. È stato lui ad aiutare Joy a trovarlo. Sa che sta facendo più di quanto richiesto per questo incarico dal budget limitato: avrebbe dovuto lasciare che se la sbrogliasse da sola per alcuni aspetti. Ma è più forte di lui: da sempre nella sua vita le relazioni con le persone si basano sul «colpo di fulmine» e, nonostante un inizio difficile, con Joy ha sviluppato un legame di vera complicità che lo tocca molto.

Osserva la sala con aria soddisfatta. È stata davvero una buona scelta: un loft di tendenza, contemporaneo e caldo, immerso nella luce grazie a una bella vetrata in stile Eiffel. Secondo Joy, l'impronta industriale e il fascino conviviale piaceranno molto ai suoi capi! Arriva il fornitore, e lui e Benjamin si stringono cordialmente la mano. Sono previsti degli assaggi per mettere a punto il menu del cocktail party. Naturalmente, niente piatti serviti a tavola. Una serata per nomadi, a base di *finger food* saporito e sorprendente! Nulla di convenzionale. I Badass erano stati chiari nel loro brief: la parola d'ordine doveva essere «creatività».

Lo chef del catering, aiutato da un *commis*, va a prendere nel furgoncino le casse piene di vivande e una selezione di vini e champagne. Dispongono tutto rapidamente, con il sorriso sulle labbra, ansiosi di far scoprire le loro creazioni.

«Aspettiamo la mia cliente: non dovrebbe tardare.»

Benjamin guarda l'orologio ogni cinque minuti. Strano! Non è da Joy arrivare in ritardo, con tutte le app che ha installato per essere richiamata all'ordine! Non si sono più visti dopo il primo dell'anno; hanno solo parlato per telefono. Quando lei se n'è andata, il pomeriggio del primo gennaio, Carmen e Rayane gli sono saltati addosso.

«Allora? Allora?»

Volevano torchiarlo, cavargli di bocca una confessione, ma lui non c'è cascato, anzi, impassibile e quasi infastidito, ha risposto: «Allora cosa? Allora niente!».

I piccoli Max non hanno insistito, ma Benjamin non è scemo e li conosce come le sue tasche. Sapeva benissimo cosa stavano pensando: "Qui gatta ci cova".

I suoi amici desiderano così tanto che lui trovi di nuovo qualcuno che a volte si immaginano cose che nemmeno esistono...

Lo chef gli propone di assaggiare un cocktail nell'attesa. Lui accetta volentieri e lo sorseggia con la cannuccia, immerso nei suoi pensieri.

In fondo, è proprio vero che non sta succedendo nulla tra lui e Joy? Non può negare che quella ragazza gli provochi emozioni inattese. A modo suo, di certo è riuscita a toccare delle corde dentro di lui. Ma da lì a dire che tra loro c'è qualcosa...

In quel momento Joy entra nella sala. Avanza verso di loro facendo ticchettare i tacchi sul parquet, con una sicurezza del tutto inedita.

Benjamin non riesce a reprimere un moto di sorpresa: e che lieta sorpresa! Si scopre a squadrarla dalla testa ai piedi, augurandosi che il fischio non gli esca dalle labbra! Ma cosa le è successo? Ha cambiato taglio di capelli, e colore, anche. Ha un paio di stivali alti con i tacchi e un vestito elegante e originale. Nota anche le unghie laccate di rosso e il trucco raffinato.

«Wow. Sei... È molto bella oggi.» Maledice la sua voce leggermente roca.

«Solo oggi?» scherza lei.

Lo chef ricorda loro la sua presenza. Benjamin fa le presentazioni, poi ha inizio la degustazione.

Joy assaggia, assapora, commenta. Benjamin la osserva, stupito, curioso e turbato. Da dove viene il cambiamento che ha sotto gli occhi? Alla fine della seduta, Joy è soddisfatta e fa i complimenti allo chef. Il menu ormai è definito fin nei dettagli e la squadra è istruita per l'allestimento della sala il giorno dell'evento.

Joy sorride. «Pare proprio che sia tutto pronto!»

«Sì, siamo in dirittura d'arrivo. Ha ricevuto il mio allegato con le *magic punchlines* definitive?»

«Sì, sì. Sono perfette. Approvo!»

«Allora, se approva lei, signora...»

Escono dal loft e si ritrovano in strada.

«Le do un passaggio?» chiede Benjamin, con una mano già posata sulla portiera della minuscola auto.

«Perché no?»

Mentre percorrono le strade trafficate di Parigi, per un po' restano in silenzio. È la prima volta che si ritrovano da soli dopo Capodanno.

«Sono contento. La trovo in forma, Joy!»

«Sì, ho davvero voglia di star meglio, in effetti. Volevo ringraziarla ancora per quello che ha fatto per me alla festa. È stato un tesoro! Spero di non averle rovinato la serata con le mie paturnie...»

Benjamin è incerto se rassicurarla o buttarla sullo scherzo. «Sì, in effetti, un po', ma non avevo altra scelta...»

Joy sembra chiedersi per un istante se sia serio. Poi scoppia a ridere. «Non dovrebbe prendermi in giro così, non è carino!»

«Dica piuttosto che le piace da morire.»

Nell'abitacolo l'atmosfera è frizzante. Ma Benjamin vuole sapere di più sulle decisioni di Joy riguardo al futuro.

«Mi dica, cosa conta di fare adesso?»

Non osa formulare più esplicitamente la domanda sull'«altro», quello che la rende tanto infelice.

«Non saprei. So solo che non posso più continuare così, ma ancora non ho capito come cambiare le cose.»

Lui si ferma a un semaforo rosso e coglie l'occasione per guardarla bene in faccia. «E se lasciasse semplicemente che la sua verità si esprima?»

Joy ride. «E quale sarebbe la mia verità, Benjamin?»

«Non ne ho idea! Sta a lei trovarla! Ma qualcosa mi dice che non ci vorrà molto perché venga allo scoperto...»
«Ah, no? E cosa glielo fa credere?»
«Un'intuizione...»

Benjamin non può immaginare quanto quell'intuizione sia giusta.

36.

È il D-Day, e stranamente mi sento calma e risoluta. Questa serata, ne sono sicura, segnerà una svolta nella mia vita professionale. Nessun dettaglio è stato lasciato al caso. Ho l'intera sequenza degli eventi stampata in testa, momento dopo momento. Negli ultimi tre giorni sono stata addosso ai piccoli Max come un'arpia, per assicurarmi che tutto fosse perfetto. Penso che ora mi detestino! Nel dubbio, ho chiesto conferma di questo a Rayane, che ha negato, ma ce l'aveva stampato in faccia che, tra tutti i suoi clienti, mi avrebbe assegnato volentieri la palma d'oro per la più rompiscatole. «Una vera iattura», diranno probabilmente di me.

I Badass volevano qualcosa che li stupisse? Lo avranno. Fremo di eccitazione. L'appuntamento è per le 19.00 al loft. Com'è ovvio, io sarò lì molto prima per aiutare i piccoli Max nei preparativi.

È giunta l'ora della verità.

Sono le 17.30.

Benjamin, Rayane e Carmen si danno da fare per mettere a punto le animazioni e dirigere il personale addetto a sistemare i mobili e le luci. Lo chef e il suo *commis*, puntualissimi, sono già molto avanti con il lavoro, e il bouffet sta prendendo forma. Perfetto!

Per l'occasione ho noleggiato un fantastico vestito di Zimmermann: un modello in georgette di seta di un'incredibile raffinatezza. Uno stile boho chic, esattamente quel che volevo. Quando mi vede arrivare, Benjamin si blocca per un momento. Il suo sguardo scorre sul tessuto a delicati motivi floreali e sulle pieghe birichine che giocano sulla trasparenza. Mi sa che questo abito gli piace. I minuti passano veloci mentre corriamo a destra e a sinistra per sistemare gli ultimi dettagli. Ogni volta che mi rivolge la parola, Benjamin fa una gran fatica a continuare a darmi del lei. È divertente vedere i suoi sforzi per mantenere questa distanza professionale. O meglio, sarebbe divertente, se non iniziassi a sentire una certa fifa, che aumenta man mano che trascorrono i minuti. *Tic-tac, tic-tac*: tra poco saranno tutti qui e la festa potrà cominciare. Vado a chiudermi in bagno. Stavolta però non ho intenzione di scaricare qualche app: ho deciso che quello è un capitolo chiuso. Mi serve un momento per concentrarmi, respirare e convincermi che andrà tutto bene. Carmen entra e si ferma davanti ai lavandini. Ci passiamo all'unisono un velo di rossetto sulle labbra. Mi chiede se sono pronta e se mi sento sicura di me stessa. Annuisco con fermezza, ma la vedo indugiare con lo sguardo sulle mie mani, che tremano leggermente.

«Forza!»

Mi stringe la spalla per incoraggiarmi. Ancora pochi minuti, poi si entra in scena...

Benjamin è più nervoso del solito. Normalmente non è mai stressato prima di un evento. Conosce il suo mestiere, lo sa fare bene; ogni dettaglio è stato preparato con tanta cura che non c'è nessuna ragione per cui qualcosa vada storto. Eppure questa serata gli sembra diversa. Per la prima volta da tanto tempo si sente sotto pressione. Strano per uno come lui, che si vanta di essere sempre così rilassato! Quando vede Joy entrare nel salottino, di colpo capisce il motivo della sua ansia: non vuole deluderla, è evidente. Con il passare delle settimane i limiti del «professionalmente corretto» si sono fatti man mano più labili, e per lui è diventato impossibile considerare Joy come una semplice cliente. La sua personalità complessa e quei problemi che ha intuito fin dalla prima volta che l'ha vista lo hanno toccato. Joy è tutto e il contrario di tutto: a volte fredda e irritante, a volte spontanea e così gioiosa! Un insieme esplosivo che fa di lei una creatura incredibilmente singolare. Ora sta andando verso di lui in un abito sfavillante. Benjamin si finge impegnato a settare l'imponente stampante 3D, la star della prima animazione della serata.

«È pronto?»

«Superpronto!» esclama Benjamin, maledicendosi all'istante per aver utilizzato un'espressione così ridicola.

Per fortuna Joy non lo sta ascoltando: ha lo sguardo fisso sulla porta.

L'Ottava Sfera al gran completo è appena apparsa all'ingresso della sala. I Badass sembrano usciti da Versailles: hanno tirato fuori tutti i gioielli e splendono nella loro tenuta di gala. Virginia, che ha indossato anche la sua migliore ipocrisia, va ad abbracciare Joy e a farle i complimenti per la scelta della location e per il magnifico allestimento. Ugo si spinge fino a farle il baciamano. "Che stronzo", come direbbe Rayane.

Benjamin si sente ribollire dentro. Quel teatrino gli fa saltare i nervi più di quanto avrebbe mai immaginato. Riconosce Cataretta al primo sguardo, da tanto Joy glielo ha descritto bene. Idem per lo stagista FF che, con una faccia tosta invidiabile, va dritto a servirsi al buffet senza aspettare un invito. Joy sta per farglielo notare, ma la sua capa con un cenno le indica di lasciar correre. Benjamin comincia a rendersi conto di quanta frustrazione Joy abbia accumulato in quell'agenzia. Coglie parte di una conversazione tra due donne in piedi accanto a lui, sedute su degli sgabelli alti e già intente a sorseggiare champagne.

«Un loft non è una scelta molto originale...» dice la prima, senza preoccuparsi di abbassare troppo la voce.

Benjamin intuisce che quelle devono essere VIP' e Taser.

«Comunque è strano che abbiano affidato l'organizzazione di un evento del genere a una provinciale!»

Scoppiano a ridere entrambe. Benjamin sente rizzarsi i peli sulle braccia e preferisce allontanarsi per raggiungere Rayane. Insieme verificano la tempistica: tra un quarto d'ora lanceranno la prima animazione Brandscape. Per il momento gli invitati, curiosi, girano attorno al tavolo su cui troneggia una misteriosa massa occultata alla vista da un telo nero.

«Cosa sarà quella roba?» chiede sprezzante Taser.

«In ogni caso, dev'essere stata una bella spesa», non può impedirsi di commentare Cataretta.

Un forte fischio stridente costringe tutti al silenzio. Joy farfuglia qualche parola di scuse, palesemente a disagio. A Benjamin non piace vederla così, alla mercé di quegli sguardi poco benevoli. La Vipera nasconde un sorriso dietro una mano piena di anelli dalla manicure perfetta. È evidente che aspetta solo un passo falso.

Che orrore! Benjamin prova l'impulso di correre da Joy per darle il suo sostegno, ma si rende subito conto che è una pessima idea.

Joy recita il discorsetto iniziale che hanno ripetuto insieme, e Benjamin si ritrova a farlo insieme a lei usando solo il labiale, come un genitore quando il figlio declama in pubblico una poesia imparata a memoria. Poi Joy allunga il braccio verso di lui per introdurre la prima animazione.

«È spettacolare, vedrete!»

Rayane spara un fascio di luce sulla maestosa macchina che Benjamin ha appena svelato togliendo il drappo nero.

«Cos'è?»

«Ma si muove!»

«Che succede?»

Gli invitati si accalcano intorno alla «bestia» per vedere meglio.

Benjamin fa chiarezza. «Signore e signori, questa è una stampante 3D di ultima generazione. Osservate quale sorpresa farà apparire per voi...»

Il braccio della stampante si agita e depone, strato dopo strato, la materia plastica.

«Incredibile!»

«Straordinario!»

Piovono commenti da tutte le parti. I capi hanno l'aria soddisfatta. La serata sta prendendo una bella piega, e Benjamin può finalmente rilassarsi.

Piano piano, comincia ad apparire il paesaggio di parole.

«Noi lo chiamiamo Brandscape. Un paesaggio *corporate*, se preferite.»

La macchina sobbalza e trema, in un ultimo sforzo, per stampare il logo tridimensionale dell'Ottava Sfera, che troneggia in mezzo alle parole che esprimono i valori dell'agenzia: ECCELLENZA – TALENTO – EXPERTISE – AMBIZIONE. Un piccolo slogan è la ciliegina sulla torta: «L'Ottava Sfera. Attenzione, talento nell'aria».

Si leva una cacofonia di esclamazioni entusiastiche. La profusione di «ah!» e «oh!» è seguita da una salva di applausi.

Ugo prende il microfono per fare un breve discorso, in cui elogia i molti e preziosi talenti presenti nell'agenzia. Il suo tono è forzato, pare che stia calcando un po' la mano. Ma lui è il tipo d'uomo che può permettersi di dire ciò che vuole.

«E che opera stupenda da appendere al posto d'onore in agenzia!» interviene sua moglie.

Nuova cacofonia di esclamazioni entusiastiche e applausi. Benjamin sorride. La serata sta andando liscia come l'olio. Joy sarà contenta, e il pensiero gli scalda il cuore: sarebbe così felice se quell'evento ben riuscito avesse delle ricadute positive per lei. La cerca con lo sguardo, nell'intento di scambiare un'occhiata complice, ma Joy gli dà le spalle. Con chi sta parlando?

37.

Joy si sposta leggermente, e Benjamin scorge Ugo, nelle sue vesti di grande seduttore. Ma non ha tempo di soffermarsi sulla propria contrarietà: bisogna andare avanti! Dà il segnale a Rayane, che insieme a Carmen ha il compito di sistemare le lampade a ultravioletti tutto intorno alla sala. Gli invitati osservano quegli strani movimenti e si chiedono cosa stia per succedere. Poi Carmen e Rayane vanno a prendere nella stanza di fianco i «regali a sorpresa» per il team dell'Ottava Sfera. Quando tornano nel salone, sono accompagnati da un applauso mentre posizionano i pacchetti, corredati da un bigliettino con il nome, a intervalli regolari lungo il perimetro di un grande tavolo rettangolare. Benjamin invita ciascuno a prendere posto davanti al proprio regalo. Tutti si prestano al gioco di buon grado.

«Che bella serata!»

«È davvero un evento fantastico.»

Ognuno aggiunge un commento positivo, un'osservazione lusinghiera per adulare i boss, e tutto sembra andare per il meglio. Quando Benjamin intercetta finalmente lo sguardo di Joy, aggrotta le sopracciglia: non sembra stare bene. Vorrebbe poterle chiedere cosa c'è che non va, ma deve lanciare l'animazione. Prende il microfono.

«Cari amici, perché questo decimo anniversario dell'Ottava Sfera resti impresso nella memoria in modo indelebile, ecco i vostri piccoli regali commemorativi personalizzati.»

Ognuno apre il suo pacchetto. Si leva l'ennesima cacofonia di esclamazioni entusiastiche mentre vengono estratti personaggi stilizzati che ricordano la Statua della Libertà e sventolano il logo dell'Ottava Sfera; un modo simbolico di innalzare l'agenzia verso il cielo.

«È un trofeo stampato in 3D in una plastica speciale che imita alla perfezione il vetro.»

«Stupendo!» esclama Ugo, visibilmente lusingato di quell'omaggio alla sua società.

Benjamin sa che è arrivato il momento del gran finale.

«Ora, signore e signori, vi abbiamo riservato un'ultima sorpresa! Guardate la custodia nella quale è contenuto il trofeo. Cosa notate?»

«Niente! È solo plastica trasparente!» risponde subito Cataretta.

«E invece no!» replica divertito Benjamin. «C'è un messaggio personale scritto con un inchiostro incolore!»

«Incolore?» ripete il gruppo, stupito.

«Sì. È un inchiostro che non assorbe la luce nella parte visibile dello spettro elettromagnetico...»

«Tradotto?» lo interrompe Taser, impaziente.

«Tradotto, significa che il vostro messaggio apparirà solo grazie a queste lampade a ultravioletti che ci avete visto posizionare intorno al tavolo...»

«Ah, ecco cos'erano!» esclama lo stagista a voce un po' troppo alta.

L'eccitazione cresce.

«Siete pronti? Al tre, spegniamo le luci bianche per accendere quelle a ultravioletti. Uno... due... tre...»

Cala il buio, subito rimpiazzato da un chiarore azzurrognolo, e i messaggi appaiono in una fluorescenza surreale.

In sala regna uno strano silenzio, interrotto da un'inattesa reazione del capo.

«Non capisco. È uno scherzo di cattivo gusto?»

Virginia si china per leggere il messaggio del marito.

Ti credi forse un re, pensi di essere un gran figo, ma l'unica cosa grande che hai è il tuo ego! La tua superbia è ormai molesta, faresti meglio a guardarti in testa! Non è una corona che la adorna, bensì un paio di magnifiche corna.

Ugo si china a sua volta per vedere il testo di Virginia.

Ti credi una donna fatale, e invece sei proprio banale, ti dai arie da gran dama, ma uno solo qui ti ama, il giovane stagista, il piccolo arrivista. Se tuo marito non fosse un coniglio, sorveglierebbe meglio il ripostiglio.

«Cosa sono queste stronzate?»
Rosso di rabbia, Ugo si volta verso Benjamin, che è del tutto smarrito.
«Io... io non capisco, signore, glielo assicuro!»
Gli altri si strappano reciprocamente di mano i messaggi.

Con la tua lingua biforcuta sputi veleno sulla gente. Chi potrebbe farti stare muta? Lo sanno tutti che sei un serpente. Peggio della tua malvagità, c'è solo la tua immensa vacuità!

«No, non ci credo!»
VIP' ha gli occhi fiammeggianti di rabbia. Prende il testo di Taser per vedere se è cattivo quanto il suo.

Il tuo stress è un flagello: c'è da fuggire solo per quello! Stenderesti un reggimento, tanto è grande il tuo tormento. Metti ansia dappertutto, non capisci quanto è brutto. Manda la tua bile in pensione e lascia lavorare le persone!

Taser è talmente arrabbiata che inizia a tremare. Per calmarla, VIP' le porge una coppa di champagne, che lei manda giù tutto d'un fiato.
«Vorrei che qualcuno mi desse delle spiegazioni!»
Quando lo stagista si accorge che Cataretta sta soffocando dall'indignazione, dà un'occhiata al suo messaggio.

Con quella sigaretta sempre in bocca, mezza accesa, per forza chi ti incontra scappa in fretta: la tua vista gli pesa. Sei triste e disperato come un posacenere gelato.

Benjamin, incredulo, legge il testo scritto per lo stagista.

Sarai anche un ragazzo attraente, ma sul lavoro non vali proprio niente... Sei uscito ora dalla culla e già sei deciso a non far nulla. Però hai trovato il modo di passare le ore: perché non trombarsi la moglie del direttore?

Benjamin comincia a sudare freddo. Tenta di giustificarsi. «Si tratta di un terribile errore! Dobbiamo aver fatto confusione con i file, dopo la sessione di parole in libertà...»

«Parole in libertà?» Il boss lo fulmina con lo sguardo.

«Sì, è una tecnica per liberare il flusso dell'espressione creativa. Si tirano fuori anche le cose negative, ma è solo un gioco, un esercizio, che voi non avreste mai dovuto vedere. Non capisco...»

«Quel che capisco io, invece, è che la sua carriera si conclude qui. Un errore del genere è inqualificabile. La sua reputazione è rovinata per sempre! Le farò terra bruciata intorno.»

Qualcuno riaccende le luci e tutti sbattono gli occhi, un po' accecati. Joy decide di prendere la parola.

«Lascialo in pace, Ugo. Non è colpa sua. Sono stata io a scrivere i testi. Sono io la responsabile di quelle parole.»

Ugo è costernato. Le chiede se si è bevuta il cervello.

«Al contrario. Non sono mai stata così lucida riguardo a ciò che avevo da dire a ciascuno di voi. Ebbene sì, Virginia, è da due anni che sono l'amante di tuo marito. Lo so che la cosa ti sorprende! E sì, Ugo, tua moglie ha una relazione con il mio stagista. Mi dispiace molto.»

«Ti scopi mia moglie, stronzetto?» Ugo va verso lo stagista per mollargli uno schiaffo, ma lui lo schiva e il manrovescio colpisce in faccia Cataretta.

Ugo si scusa senza troppo fervore, ma per Cataretta questa è la goccia che fa traboccare il vaso. «Ne ho piene le scatole di questa gabbia di matti!» sbotta.

Furibondo esce dalla stanza, offeso nella sua dignità.

Mentre i due coniugi iniziano ad azzuffarsi, Joy, galvanizzata, continua il suo giro del tavolo. Benjamin tenta di fermarla, ma lei non sente ragioni. Il piccolo popcorn è scoppiato, finalmente, e vuole altro olio sul fuoco.

Joy regola i conti con le ragazze. Vuota il sacco su tutto quello che ha vissuto in quegli ultimi anni: una che la perseguita, l'altra che la vampirizza. Il loro egoismo. La loro superficialità. La loro eterna aria di superiorità.

«Ah, devo ammettere che una cosa in cui siete superiori c'è. In quanto a stronzaggine, non avete rivali!»

Le due donne starnazzano indignate, ma Joy non presta loro la minima attenzione. Afferra una bottiglia di champagne dal secchiello, la scuote con forza, la stappa e innaffia generosamente gli astanti.

«Buon anniversario, Ottava Sfera dei miei stivali!»

Tutti gridano, esterrefatti. Joy getta a terra la bottiglia, che si rompe con un rumore assordante, e fugge, in lacrime, lasciando dietro di sé un caos inimmaginabile.

38.

"Che cosa ho fatto?"

Mi sveglio con la testa stretta in una morsa; la mia mente è un'autostrada di pensieri che passano e ripassano a gran velocità e mi danno le vertigini.

"Che cosa ho fatto?"

Ricordo gli eventi di ieri e mi si torcono le budella. Avevo aspettato quel momento con un'impazienza quasi febbrile! Lo avevo pregustato in anticipo. Come ho potuto credere così ingenuamente che dire in faccia alle persone ciò che provavo mi avrebbe dato sollievo?

È un incubo. Come vorrei che quella scena fosse stata solo un brutto sogno, che non fosse mai successa per davvero. Un brivido sgradevole mi scende lungo la schiena. L'angoscia. "Dovevi pensarci prima, cocca bella!" "Sì, grazie tante!" Vacillando un po' vado in cucina per farmi un caffè, con gli occhi fissi sui messaggi ansiogeni che ho ricevuto nel frattempo.

CARMEN: Dobbiamo parlare al più presto di Benjamin... È un disastro!

UGO: Mi devi delle spiegazioni per il casino di ieri sera. Ma cosa cacchio ti è preso??? Chiamami. Anch'io ho delle cose da dirti.

RAYANE: Non ho mai visto Benjamin in questo stato. Credo che farebbe meglio a chiamarlo... Devo ammettere che lei ha il senso dello spettacolo! Mi ha lasciato a bocca aperta! Coraggio, e mi tenga aggiornato.

E, naturalmente, niente da parte di Benjamin.

Non ho la forza di chiamare Ugo. E poi, per sentirmi dire cosa? Che mi sono bevuta il cervello? Che sono licenziata su due piedi? Per questo posso aspettare. Mi sembra molto più urgente riparare i danni che ho causato ai piccoli Max. Ho mandato a monte l'evento e Benjamin deve avercela a morte con me. L'idea mi fa stare malissimo.

Chiamo Carmen.

«Passa da me. Piuttosto che parlare al telefono, facciamo due chiacchiere a tu per tu. Dai!»

«Okay, arrivo subito!»

Siamo passate al tu senza nemmeno accorgercene, tanto la situazione è estrema.

Mi preparo in un nanosecondo e corro da Carmen. Voglio che mi dica subito cosa è successo dopo che me ne sono andata.

Quando mi apre la porta, noto subito il suo viso distrutto.

«Entra!»

Mi porta un caffè fumante e mi offre delle tartine al burro, ma non ho fame. Questo è il secondo caffè della mattina e cominciano a tremarmi le mani. A meno che non sia l'agitazione...

Carmen mi racconta della cappa di piombo che è calata dopo che sono uscita dal locale. Di come Ugo e Virginia si sono accaniti su Benjamin accusandolo di aver rovinato il loro evento. Mima i gesti dei Badass, che si sono rivolti a lui come delle furie.

«Metteremo di mezzo l'avvocato! La denunceremo! E lei dovrà rimborsarci il danno! La sua reputazione è distrutta!»

Anche Carmen, poveretta, sembra molto turbata. Di colpo, mi sento terribilmente in colpa per averla messa in una situazione simile. Ma il peggio deve ancora venire.

«Al ritorno, eravamo tutti e tre insieme sul furgoncino. Avevamo messo via il materiale e nessuno diceva una parola. Non volava una mosca. Benjamin sembrava perso nei suoi pensieri e continuava a ripetere: "Non capisco". E poi, d'un tratto, in mezzo alla strada...»

«Cosa?» la incalzo impaziente.

«Ha inchiodato! Così! Senza preavviso! Siamo rimasti di sasso. Se non avessimo avuto la cintura, ci saremmo schiantati contro il parabrezza. E fortuna che non avevamo nessuno dietro...»

«E quindi?»

«E quindi è stato come se avesse avuto un'illuminazione. Aveva capito tutto.»

«In che senso?»

«Si è girato verso di noi e ha detto solo: "Chi è stato? Tu o Rayane?". Non sono capace di mentire, così in dieci secondi ha scoperto che ero io la tua complice!»

La voce di Carmen trema.

«Benjamin si era reso conto che non avresti mai potuto scambiare i file delle *punchlines* senza l'aiuto di uno di noi. "Ma insomma, perché l'hai fatto, Carmen? Perché?" non smetteva di ripetere. Ho tentato di spiegargli che volevo aiutarti a lasciare quel posto pieno di gente tossica. Perché sei una cara ragazza, e mi sono affezionata a te, tutto qui.»

Le prendo una mano. «Mi spiace tantissimo, Carmen... Non avrei mai dovuto chiedertelo.»

«Ma no, non è questo, Joy. Non rimpiango niente. È solo che vedere gli occhi di Benjamin, la sua delusione... Dopo tutto quello che ha fatto per me, non sopporto di avergli provocato un danno. Ti assicuro che non avevo previsto che ci sarebbero state conseguenze per la nostra attività! Pensavo solo a mettere con le spalle al muro quelle persone che ti hanno fatto passare l'inferno da quando sei arrivata lì.»

Carmen scoppia a piangere. Oh, mio Dio: tutto, ma non

questo! Mi sento così male! La abbraccio. «Scusami, scusami, Carmen! Risolverò le cose, te lo prometto. Mi credi?»
Annuisce tra le lacrime. Mi rivolge un sorriso che cerca di essere coraggioso, e mi si stringe ancora di più il cuore.
Ora ho solo un'idea in testa: parlare a Benjamin e rimediare alle mie stronzate.

Gli lascio un messaggio in segreteria, poi un secondo, un terzo e un quarto. È chiaro che non vuole rispondermi. Mi sento invadere da una specie di panico sordo. E se, per regolare i miei conti con l'Ottava Sfera, stessi per perdere quello che in poche settimane era diventato così prezioso nella mia vita?
Chiamo Carmen e la supplico di darmi l'indirizzo di casa di Benjamin. Devo parlargli a ogni costo! Non posso aspettare nemmeno fino a domani.
«Non so se sarai ben accolta...» mi avvisa Carmen.
Pazienza! Via il dente, via il dolore. Tanto prima o poi è da fare.

39.

Benjamin sta cenando quando suona il campanello. Ma chi può mai presentarsi a quell'ora? Di sicuro è qualcuno che ha sbagliato. Lascia cadere a malincuore nel piatto il sushi che stava portando alla bocca e va ad aprire. È Joy. Per una frazione di secondo è tentato di richiudere subito la porta. Non sa se si sente di parlarle: è troppo deluso, sconvolto, destabilizzato da quanto è successo la sera prima.

«Chi le ha dato il mio indirizzo?» chiede seccamente.

Lei gli sta davanti con quel musetto contrito, quasi spaventato. Dov'è finita la furia che ha scoperto all'evento?

«L'ho chiesto a Carmen. Non se la prenda con lei, per favore! Ho davvero bisogno di spiegarle! Me ne dia l'opportunità.»

«Non vedo cosa ci sia da dire, a parte che lei ha buttato all'aria la sua carriera e in parte anche la mia.»

Benjamin si accorge che Joy è sull'orlo delle lacrime, ma si rifiuta di lasciarsi commuovere; non è certo che lei si meriti la sua indulgenza, dopo quello che è successo.

«Per favore», insiste Joy.

Cos'è che lo fa decidere di permetterle di entrare? Forse l'intonazione della sua voce o l'espressione nei suoi grandi occhi chiari che sembrano così smarriti.

Rimane in piedi, come se fosse intralciato dall'imbarazzo e da una rabbia che non sa come gestire. Che parli, visto che ci tiene tanto da essersi presa la briga di arrivare fin lì! Non sarà certo quel suo musetto impaurito a intenerirlo. E ora eccola che farfuglia... Benjamin si sforza di non lasciar trasparire le emozioni.

«Io... io sono così dispiaciuta! Non ho pensato alle conseguenze delle mie azioni. Benjamin, lei mi deve credere: in queste ultime settimane in cui ci siamo frequentati molte cose dentro di me si sono smosse e...»

Benjamin la guarda incredulo. «Mi vuol far credere che sono io il responsabile della sua esplosione?»

«No, certo che no, non intendevo questo. Mi ascolti, per favore. Per me è importante dirle tutto...»

«Tutto cosa?»

«Che conoscerla non mi ha lasciata indifferente. Che l'atmosfera dell'atelier e voi piccoli Max mi avete fatto passare dei momenti magici, come non mi accadeva da tempo. Ma così mi sono anche resa conto che è possibile vivere e lavorare in modo diverso, senza quello stress perenne, senza essere sempre sotto pressione... In una bolla, direi! Lei è stato una boccata di ossigeno...»

«Grazie, Joy, sono lieto che mi abbia usato come respiratore», ribatte Benjamin sarcastico.

La osserva mentre dibatte i suoi argomenti, facendo sfoggio di un vasto repertorio di espressioni e toni di voce toccanti per sostenere la sua causa... ma non ha voglia di lasciarsi prendere; in fondo non è più così sicuro della sincerità di Joy.

«Questo non spiega come lei si sia spinta fino alla sceneggiata di ieri sera! E per di più trascinando Carmen nella sua follia! Perché non ne ha parlato con *me*?»

Mentre pronuncia quelle parole, si accorge di quanto lo abbia ferito venire a sapere che Joy aveva scelto Carmen e non lui come proprio complice. E sì che era convinto di essere riuscito a instaurare una relazione di fiducia...

«Lei mi avrebbe permesso di scambiare i file delle *punchlines*?»

«Certo che no! Quello che ha fatto non ha nessun senso. È consapevole di avermi messo in una bruttissima posizione davanti a un cliente? Ieri lei ha compromesso la mia reputazione professionale. E tutto per cosa? Per togliersi qualche sassolino dalla scarpa e sparare le sue quattro verità come proiettili impazziti contro quelle persone?»

Benjamin si accorge che sta urlando, e questo lo fa sentire meglio. In genere detesta simili sfoghi, ma Joy lo ha fatto veramente andare su tutte le furie.

«Sì, lei ha ragione, Benjamin. Non avrei dovuto esplodere così. Sono la prima a stupirmi di tutta quella rabbia che ho accumulato negli ultimi anni. Tonnellate di frustrazione e rancore immagazzinate dentro di me e con cui convivevo all'Ottava Sfera, fino all'ultima goccia che ha fatto traboccare il vaso. Quel tiro che mi ha giocato Ugo la sera di Capodanno... Ho avuto l'impressione di toccare il fondo. Se non ci fosse stato lei, non so come sarebbe finita.»

«La smetta, Joy.»

Benjamin non vorrebbe lasciarsi toccare dalle sue parole. Stringe i denti per non farle capire di essere commosso.

«No, non la smetto! Quando mi sono svegliata con voi, e soprattutto con lei, ho capito che dovevo cambiare se volevo sopravvivere. Allora ho cominciato a riflettere, a ripensare alle nostre conversazioni, a quella faccenda della disapplicazione. Che senso ha essere sempre la brava ragazza che si sforza di piacere a tutti, anche a costo di perdere sé stessa per strada? Si ricorda? Dovevo dire fino in fondo quello che pensavo, liberarmi e tornare a essere autentica! È stato a quel punto che è nata l'idea di usare l'animazione delle *punchlines* per mettere in scena la mia vendetta...»

La voce di Joy si incrina. Benjamin fa un passo verso di lei per parlarle con più calma. «È un bene essere autentici, ma non significa per forza tirare fuori tutto così platealmente. C'erano di sicuro altri modi...»

Lei si scioglie in lacrime. Benjamin le mette una mano sulla spalla. Non sopporta di vederla scossa dai singhiozzi. Tenta di confortarla.

«Su, non è la fine del mondo. Vedrà che si sistemerà...»

Joy gli si getta tra le braccia, e Benjamin, colto di sorpresa, la stringe. Sente che lei si lascia cullare dolcemente e che a poco a poco si calma. Il piacevole calore di un altro corpo. La pace.

A un certo punto, Joy si stacca, con il viso devastato, terribile e bella al tempo stesso. «Ma, ma... cosa farò adesso?»

«In questo preciso momento niente», sdrammatizza lui. «Si tranquillizza, mangia un po' di sushi e beve una birra con me. Domani è un altro giorno e penseremo a come riparare i danni. Qualunque cosa lei decida di fare, bisogna farla bene. Okay?»

Joy annuisce come una ragazzina. Individua il rotolo dello Scottex, ne strappa un foglio e si soffia rumorosamente il naso.

Benjamin ordina del sushi anche per lei e appena arriva si siedono per condividere quel pasto improvvisato. Joy è ancora scossa. Lui pure. Così parlano poco. E poi ci sono quegli sguardi che lo turbano. Ma non vuole fraintendere. Forse si sta facendo un'idea sbagliata. Non è più abituato. Si è tenuto alla larga dai sentimenti per così tanto tempo... Pensa ai piccoli Max. L'amicizia è tanto più semplice...

Si è fatto tardi e Joy si alza per congedarsi. Si salutano un po' goffamente sulla soglia. Ed ecco, lei se n'è andata.

Benjamin si sente strano. I pensieri si rincorrono nella sua testa. E anche le emozioni si affastellano! Con il pilota automatico va verso il tavolo e inizia a sparecchiare. Suonano di nuovo alla porta. Ri-Joy.

«Mi sono dimenticata una cosa.»

Fa un passo avanti e lo bacia sulla bocca.

40.

Cammino per strada di buon passo. Sono appena uscita dal parrucchiere e indosso il vestito più bello che possiedo. Questi preparativi mi ricordano il rituale del guerriero che si dipinge il viso e il corpo prima di andare a combattere. Ed è esattamente questa l'impressione che ho mentre mi dirigo verso l'Ottava Sfera. Non è stata una decisione facile da prendere, ma ne ho discusso a lungo con Benjamin e lui mi ha sostenuta. Dovevo parlare con la squadra, porgere le mie scuse e aprire un dialogo. Sempre che me ne dessero l'opportunità... La cosa che mi spaventava di più era la loro potenziale aggressività, l'idea che mi impedissero di spiegarmi. Alla fine mi ha convinta. Secondo lui, tocca a me dare prova di maturità, mostrandomi superiore ai giochi di potere, alle rivalità, alle ipocrisie e alle piccole bassezze delle persone dell'agenzia. Farmi sentire senza essere aggressiva è, a suo giudizio, l'unico modo affinché il mio messaggio passi.

«Hai buone ragioni per sfogare la tua collera nei confronti di ciascuno di loro, ma se ti arrabbi perdi credibilità!» mi ha detto Benjamin ieri sera, mentre parlavamo stesi sul suo divano.

Galleggio in uno strano senso di irrealtà: sono accadute troppe cose in troppo poco tempo. Ho una gran confusione in testa.

Quando penso che gli sono saltata addosso! Mi chiedo cosa mi stia succedendo. Ho perso la ragione? Non mi riconosco più. Tra il putsch emotivo all'evento dell'Ottava Sfera – una vera e propria insurrezione a sorpresa – e l'assalto impulsivo a Benjamin, inizio a preoccuparmi per me stessa! Ma forse la cosa più allarmante è il piacere che mi hanno dato entrambe le cose...

Quando l'ho baciato, Benjamin non se lo aspettava davvero. Aveva l'aria allibita. Lo capisco. A essere onesti, nemmeno io sapevo bene quel che stavo facendo. Era solo che ne avevo voglia da tutta la sera... Non so cosa mi abbia preso, ma una volta iniziato non riuscivo più a smettere. Tra un bacio e l'altro, sentivo a malapena ciò che cercava di dirmi: «Joy, stiamo corredo troppo... E Ugo?». Ma non lo ascoltavo. Le sue labbra erano così morbide e calde sulle mie... Le sue labbra che, a differenza delle sue parole, non dicevano di no.

A pochi passi dall'Ottava Sfera vengo colta da un altro attacco d'ansia. Io e Ugo ci siamo mandati dei messaggi; non ho avuto la forza di chiamarlo. Ho espresso il desiderio di vedere ogni membro della squadra individualmente, per porgere le mie scuse, e lui ha accettato. Sono quarantotto ore che non mi presento in ufficio, mi è mancato il coraggio di andarci. Ora vari scenari mi sfilano davanti agli occhi. Faccio scorrere a rotazione le ipotesi peggiori: sarò licenziata in tronco per colpa grave? Mi costringeranno a rassegnare le dimissioni? Per il momento non ho la più pallida idea di cosa mi succederà.

Arrivo al terzo piano, davanti alla porta dell'agenzia. Potrei usare le mie chiavi per entrare, ma viste le circostanze preferisco suonare il campanello. Viene ad aprirmi Ugo. L'espressione sul suo viso è indecifrabile. Il mio cuore fa una capriola.

«Vieni!»

Ogni volta che me lo trovo davanti mi colpisce la sua naturale autorevolezza. Lo seguo fino alla sala riunioni. Mi offre un caffè, ma declino. Sono già abbastanza nervosa. Si siede di fronte a me e colgo, nonostante tutto, qualche segno di turbamento piuttosto inusuale per lui: una leggera tensione delle labbra, un tremore nervoso della palpebra. Contro ogni attesa, inizia col ringraziarmi per la mia iniziativa. Trova che sia un gesto coraggioso quello di porgere le mie scuse di persona. Mi fa un piccolo discorso sul diritto di commettere errori; ciò che conta è saperli riconoscere e aggiustare il tiro. Dice tutto questo con un sorriso quasi benevolo. Non credo alle mie orecchie.

«Ti lascio parlare con i colleghi, poi vieni da me. Ti porto fuori a pranzo. Staremo più tranquilli, okay?»

Deglutisco. Non capisco davvero quali siano le sue intenzioni. Sono scossa. Mi aspettavo un massacro.

VIP' è la prima a entrare. Per un po' ci scrutiamo in silenzio al di sopra del tavolo. Alla fine è lei a prendere la parola.

«Pare che tu si venuta qui per scusarti. Non credevo che ne saresti stata capace. Devo ammettere che hai fegato. Noi due siamo partite col piede sbagliato, e so di non essere stata tenera con te. Quindi forse anch'io ti devo delle scuse. Mi davi sui nervi, in effetti, con quell'aria da prima della classe, sempre a voler fare le cose per bene, a cospargerti il capo di cenere: mi veniva voglia di prenderti a schiaffi!»

Quasi casco dalla sedia, ma mi mordo le labbra e lascio che continui.

«Be', ti sembrerà assurdo, ma all'evento, quando hai dato fuori di matto, quando sei esplosa e hai vuotato il sacco, ho avuto l'impressione che stessi facendo qualcosa che mi aspettavo da tempo! Era ora che uscissi un po' dai gangheri per farti rispettare, cazzo! È stato catartico.»

Non so cosa mi lasci più interdetta: se il discorso di VIP' o la parolaccia, così incongrua rispetto al suo modo di esprimersi. Nel settore del lusso la scurrilità non è contemplata.

«Non sopporto le persone molli. Mi irritano. Mi trovo bene solo con chi ha carattere. È così e basta.»

Si alza, credo che abbia finito. Ma no. Il suo viso si indurisce di nuovo.

«Comunque, non illuderti che io ti perdoni per avermi

dato della stronza superficiale. Diciamo che, se fossimo state su un ring, quello sarebbe stato un punto per te. Noi non saremo mai amiche. L'unica differenza è che d'ora in avanti ti considero un'avversaria alla mia altezza.»

Mi dà una vigorosa stretta di mano e se ne va. La guardo allontanarsi con tutta la sua superbia. Quel diavolo di una VIP'! Mi lascerà sempre di stucco.

Il confronto con Taser non è meno strano. Sembra quasi una confessione.

«Sul serio trovi che io abbia un brutto carattere? Che sia sempre stressata? Non mi ero resa conto di dare questa impressione... Quando ho letto il messaggio mi sono sentita ferita. Poi non riuscivo a smettere di pensarci e mi sono chiesta: "Se fosse vero?".»

Tento di scusarmi per averle detto quelle cose in modo tanto brusco, ma Taser, come VIP', non me ne dà la possibilità. Non riesce a contenere il flusso della sua autoanalisi.

«Anche mia mamma mi ripeteva sempre che avevo un brutto carattere. Da bambina ero ansiosa, piena di paure. E questo la irritava. Non mi dedicava il tempo di cui avrei avuto bisogno per rassicurarmi. Ne soffrivo molto...»

A questo punto si rende conto che forse sta dicendo troppo. Il pudore la riagguanta. Si alza.

«Ho odiato quello che mi hai detto l'altra sera, Joy. Nonostante tutto, però, devo ammettere che non avevi torto e che avevo bisogno di sentire certe cose per voltare pagina. Nessuno ha voglia di mettersi in discussione. È doloroso, in effetti, eppure necessario. Quindi oggi non so se devo ringraziarti o mandarti affanculo!»

La guardo, ancora più incredula di come ho guardato VIP'. Ma queste due si sono messe d'accordo sulle parolacce? E sulla loro reazione del tutto inattesa?

Sulla soglia della porta, si gira e mormora un «grazie» che sembra bruciarle le labbra e che mi lascia a bocca aperta.

Quando entra Cataretta, mi aspetto una predica moralistica.

«Non sono nato ieri, Joy, ma devo ammettere che una catastrofe come quella dell'altra sera è un evento raro. In trent'anni di carriera, non mi era mai capitato.»

«Mi dispiace che lei si sia preso uno schiaffo...»

«Bah... fa bene alla circolazione!» esclama lui con un sorrisetto inedito.

Davvero non so più cosa pensare.

«Sai, io non sono solo il vecchio stronzo grigio e stanco che incroci al lavoro e che rompe sempre le palle con il budget e l'organizzazione...»

Ma perché oggi tutti quanti sono così volgari?

«Anche a me piace divertirmi... sì, sì!»

Si alza, si china verso di me come per farmi una confidenza e mi sussurra a voce bassissima: «E, detto tra noi, la tua crisi di nervi è stata uno spasso. Non se ne può più di tutti quegli eventi in cui non succede mai niente... Ma questo resti tra me e te.»

Prima di uscire si toglie dalla faccia quell'aria maliziosa che ho intravisto per qualche istante. Poi mi strizza l'occhio, come per suggellare il nostro piccolo patto segreto.

Che giornata folle!

Mi aspetto di vedere Virginia, invece entra di nuovo Ugo.

«Sei pronta?»

«E Virginia e F.?»

«Non ci sono. Ti spiegherò.»

«Ah...»

I due amanti insieme? Ugo mi sembra stranamente sereno. Ho paura di questo confronto, ma sono anche ansiosa di sentire cos'ha da dirmi. Soprattutto perché i faccia a faccia con gli altri membri della squadra mi hanno lasciata in uno stato di confusione totale.

41.

Mi porta in un ristorante chic dove si mangiano i frutti di mare. Io ordino un *ceviche* di gamberetti e lui una *douceur* di aragosta. Il cameriere mette sul tavolo un secchiello pieno di ghiaccio con dentro una bottiglia di vino bianco sapientemente selezionato – Ugo è un intenditore – e ci riempie i bicchieri con consumata esperienza. Ne trangugio un bel sorso senza aspettare, sperando che questo nettare mi aiuti a rilassarmi un po'. È ora di buttarsi: devo affrontare il discorso che mi fa tanta paura. Tanto per cominciare, prima di dirgli tutto ciò che penso, è necessario che io riconosca i miei torti.

«Ugo... mi dispiace di aver rovinato la serata dell'anniversario dell'agenzia. Non so come mai sono esplosa in quel modo.»

«In effetti, non si può dire che tu ci sia andata giù leggera!» commenta Ugo mettendosi a ridere. Fa una pausa, poi mi chiede: «Ce l'hai così tanto con me?».

A quanto pare, pensa che io abbia agito così per vendicarmi di lui. È sempre affascinante vedere quanto sia autoreferenziale. Non dico nulla.

«Il silenzio è già una risposta», afferma Ugo laconico, con lo sguardo un po' perso nel vuoto. «Capisco.»

Ma cosa capisce, di preciso? Quanto si è comportato male? Fino a che punto mi ha resa infelice? Ho l'impressione che mi legga nel pensiero.

«Joy, mi rendo conto che il tipo di rapporto che abbiamo da due anni non può essere soddisfacente per te e ti chiedo di perdonarmi se ti ho fatta soffrire. Non è mai stata mia intenzione.»

Posa la mano sulla mia, e io rimango immobile, chiedendomi se debba ritrarla o no.

«Ironia della sorte, alla fine sono io che mi scuso!» aggiunge in tono scherzoso.

Gli rivolgo un sorriso incerto. Conosco un po' Ugo: conduce le questioni amorose come i suoi affari. Perché di colpo ho la spiacevole sensazione di essere coinvolta in una trattativa di lavoro?

«Ho capito benissimo che il motivo per cui ti sei accanita in quel modo è che ce l'avevi con me, non con gli altri. Avrei preferito che non mettessi tutto assieme...»

«Ti sbagli. Non eri l'unico con cui avevo dei conti da regolare!»

«Conti da regolare? Non stai esagerando un po'?»

«No, Ugo. Probabilmente tu non te ne sei accorto, ma non potevo continuare a lavorare in quelle condizioni, con quell'atmosfera. Dovevo fare qualcosa!»

«Perché, credi che io abbia i paraocchi? Che non sappia cosa ti tocca passare in agenzia? Joy, sono vent'anni che lavoro nel settore: le giornate senza fine, lo stress, i rapporti tesi, la competizione... Ma resisto. E pure tu resisti, perché siamo fatti della stessa pasta. È questo che mi è piaciuto di te: la tua capacità di gestire le situazioni!»

Ritraggo la mano. «È qui che ti sbagli. Non sono affatto della tua stessa pasta, o almeno non più.»

«Lo dici solo perché sei stanca. Hai bisogno di una vacanza, ecco tutto. Era proprio quello che volevamo proporti io e Virginia: prenditi un periodo di ferie, adesso, nei prossimi giorni!»

Lo fisso negli occhi e gli chiedo quello che mi sta a cuore. «Come ha preso la notizia di *noi due*?».

Lui fa un sorriso imbarazzato che mi inquieta. «Bene, bene.»

«Come bene?»

Ugo tossicchia. «Lei l'ha presa bene, Joy, semplicemente perché...»

«Perché?» Inizia a darmi sui nervi.

Adesso sembra proprio a disagio. Chissà che cosa sta per dirmi...

«È da tanto tempo che volevo parlartene, ma avevo paura di ferirti... paura di perderti, anche.»

Mi si gela il sangue nelle vene. Che rivelazione devo aspettarmi?

«Non prenderla male, Joy, ti prego, ma Virginia sapeva già di noi.»

«Cosa?»

«Come io sapevo dello stagista.»

«Eh?»

Ugo inspira profondamente prima di buttarsi. «Noi siamo una coppia aperta.»

Per poco non cado dalla sedia.

«Ma... ma... l'altra sera», balbetto costernata, «quando ho tirato fuori tutto sulla nostra storia e su quella tra Virginia e F., siete cascati dalle nuvole!»

«Era solo una farsa. Bisognava pur salvare la faccia davanti alla squadra. Non vogliamo che la cosa si sappia. Dopotutto, è la nostra vita privata, la nostra intimità!»

«E io? Quando contavi di far entrare anche me nella tua "intimità"?»

«Ecco perché non volevo dirtelo. Ora sei arrabbiata. Ma in fondo cosa cambia? Lo sapevi che ero sposato, che non ero disponibile se non per una bella avventura! Come quella che stiamo vivendo da due anni a questa parte.» Guarda il mio viso rigato di lacrime. Non sa come comportarsi. Le asciuga col pollice e con voce dolce mi chiede: «Joy, ti eri forse fatta un'idea diversa?».

Capisce dal mio silenzio che è così. Ma certo, un'idea completamente diversa! Come ho potuto essere così stupida? Come ho potuto pensare che mi amasse? Che avrebbe finito per lasciare sua moglie? Le lacrime non si fermano più. Non sopporto l'espressione imbarazzata del cameriere che viene a servirci.

«Desiderate altro?»

Oh, sì. Desidero riavvolgere il nastro, cancellare tutto.

Non aver mai conosciuto Ugo, non aver mai messo piede all'Ottava Sfera!

Notando il mio sconforto, Ugo mi prende di nuovo la mano nella sua. «Joy, vedo che sei sconvolta, e ti assicuro che la cosa mi fa star male. Forse non mi crederai, ma io tengo sinceramente a te, molto più di quanto non immagini! Adesso sei sfinita, hai dato tantissimo in queste settimane! E quello che ti ho appena detto è stata l'ultima goccia. È comprensibile, devi metabolizzare. Ascoltami...»

«No, non ho voglia di ascoltarti.»

«Ascoltami», ripete lui. «Ora come ora non sei lucida. Fai qualche giorno di vacanza. Divertiti! Riposa e prenditi il tempo per riflettere su tutto questo. Ho parlato di te con Virginia. Sei un buon elemento. Noi siamo consapevoli del tuo valore e del lavoro che fai. Non vogliamo perderti!»

«Ma se non mi può vedere!»

«Ti sbagli! Ha il suo carattere, tutto qui! È vero che non è molto espansiva. Ma anche se non te lo ha dimostrato, ha grande stima di te. E poi avevi ragione a metterci la pulce nell'orecchio sullo stagista. Non faceva un cacchio! E con Virginia alla fin fine le cose non andavano neanche tanto bene...»

Hanno messo alla porta il mio stagista. Non ci credo!

«Ma non preoccuparti! Ti troveremo di meglio, molto meglio! Promesso.»

«E la nostra storia? Vuoi rimpiazzare anche quella?»

«Non essere cinica, Joy!» replica lui dolcemente. «Le cose andranno come devono andare. Bisogna dare tempo al tempo. Mi pesava che tu non sapessi della nostra unione libera! Adesso la porta è aperta...»

«Aperta per cosa?»

«Per un nuovo inizio, Joy!» si infervora Ugo.

Quel che ammiro di lui è la sua assoluta, incrollabile certezza. Sbotto in una risata nervosa. «Di che nuovo inizio parli? Una cosa a tre con tua moglie? Un triangolo?»

Spazzo via dalla mente quell'idea. Le cose a tre saranno anche di moda, ma non fanno al caso mio.

«Perché no? So che si tratta di un'assoluta novità per te, ma pensaci!»

«E se non volessi?»

«Nessun problema. Rispetterò la tua decisione. E avrai sempre il tuo posto in agenzia.»

«Sei disposto a tenermi dopo tutto ciò che è successo?»

«Ci siamo già chiariti su questo, non credi? Nulla accade per caso. Avevamo di sicuro bisogno di risanare la situazione all'interno e far emergere le cose non dette. Il modo in cui l'hai fatto è stato dirompente. Ma forse, in fin dei conti, hai dato a tutti noi la possibilità di metterci in discussione. A proposito, sono andati bene i colloqui con gli altri membri della squadra?»

Devo ammettere di sì.

Mi accarezza delicatamente la guancia. Ho il fiato corto.

«Vedi? C'è speranza. Su! Prenditi una vacanza e poi ne riparliamo!»

Usciamo dal ristorante.

Mi saluta con un bacetto sulle labbra, come se niente fosse. Lo guardo mentre si allontana, così elegante nel suo completo sartoriale. Resto lì per un momento, immobile, in mezzo al marciapiede. La gente, frettolosa, mi spintona. Penso a Benjamin, che mi chiederà del confronto con Ugo. In testa ho un tale casino che provo l'impulso di premermi le mani sulle orecchie. Non so più cosa pensare, cosa sentire, cosa fare! L'unica mia certezza è che sono nella confusione più totale... Mamma mia! Che disastro!

42.

Da venti minuti Benjamin la sta guardando camminare avanti e indietro nel salotto mentre gli racconta del suo colloquio sconcertante con Ugo. Lui rimane seduto senza batter ciglio: non vuole lasciarsi risucchiare nella tempesta emotiva che sembra scuotere Joy. Deve mantenere la calma per pensare meglio, con più lucidità. Si esorta a respirare profondamente. Sente quanto gli fa bene, in questo momento, essere consapevole del suo respiro. Ascolta Joy che parla del suo amante. La situazione per lei si è ribaltata! Si immaginava disoccupata, invece ora sa con certezza che le porte dell'agenzia restano aperte. E Benjamin coglie tra le righe che anche la storia con Ugo non è affatto chiusa. È proprio questo che gli fa paura nelle relazioni amorose: il momento in cui le cose scappano di mano, i tira e molla, i cambiamenti di rotta... Ha un groppo in gola e uno spiacevole peso sul petto; sono sensazioni che conosce e che non avrebbe voluto provare mai più. Correre il rischio di amare ed essere feriti... Se lei sceglie l'altro, ne sarà distrutto, lo sa già. Si rimprovera per la propria imprudenza.

Non si è accorto di nulla: il sentimento è sbocciato senza preavviso. Essendo passato poco tempo, non dovrebbe essere già così ben radicato! Eppure lo sente, forte e vivo dentro di sé. Ormai è toppo tardi: bisognerà affrontare la cosa. Joy ha finito il suo racconto e si sta torcendo le mani, in attesa che lui dica qualcosa. Ma Benjamin non ha consigli da offrirle: in quella faccenda lei è l'unica che possa vederci chiaro. Così si alza per andare a prendere il suo bicchiere sul tavolo: un pretesto come un altro per darle le spalle e ricomposrsi. Non vuole che Joy noti la paura sul suo viso. Quando si volta, Joy ha fatto qualche passo verso di lui e se la ritrova vicino, troppo vicino. Distingue ogni dettaglio delle sue pupille. Si protende per baciarlo, e Benjamin, che pure inizia ad affezionarsi al sapore delle sue labbra, la respinge con delicatezza.

«Non vuoi darmi un bacio?»

Joy ha un'aria stupita e dispiaciuta. Benjamin le prende le mani nelle sue e le gira per sfiorarle i polsi con le labbra. La sente fremere, ma non è il caso di lasciarsi andare.

«Certo che voglio. Però credo che ci serva tempo. Questo non mi sembra il momento giusto. Non sei pronta, Joy, e la tua relazione con Ugo non è ancora chiusa. Non me la sento di cominciare una storia con te in queste condizioni. Capisci?»

«Ma...»

Le mette un dito sulle labbra per arginare il fiume di argomentazioni che sta per uscirne. «Non devi darmi spiegazioni, Joy. Tu provi ancora qualcosa per lui, non hai bisogno di giustificarti, è normale... In più, non sai se vuoi continuare a lavorare all'Ottava Sfera. Lo vedi? Per ora è tutto troppo confuso.»

«Ti sbagli! Non sono così sicura di provare ancora qualcosa per lui. Me ne ha fatte troppe. Invece provo qualcosa per te, Benjamin, qualcosa di forte... È che non so cosa fare.»

«Ti trovi a un bivio, Joy. È da quando ti ho conosciuta che stai cercando di riappropriarti della libertà e della felicità. Soltanto tu puoi sapere se rimanendo all'Ottava Sfera e vicino a Ugo le avrai indietro.»

Joy sembra di nuovo tormentata.

«Ma, Benjamin, non posso nemmeno permettermi di perdere il lavoro. Ti immagini che brutto sarebbe ripartire da zero, senza nessuna certezza di riuscire a rimettermi in pista? È una decisione molto delicata. Certo, l'Ottava Sfera non è il paradiso, ma non è nemmeno l'inferno, soprattutto dopo che ho chiarito le cose con gli altri, non credi?»

Joy lo guarda intensamente, come se nei suoi occhi si aspettasse di trovare le risposte a quelle domande. Spera forse di ottenere la sua approvazione? Lui sospira e tende la mano per sistemarle una ciocca di capelli dietro l'orecchio.

«Nessuno può scegliere al posto tuo, Joy. Io posso solo dirti che ci sono due tipi di decisioni: quelle guidate dalla paura, che ti frena, ti induce a opporti al cambiamento, spesso distorce la tua prospettiva, è una campionessa nella rinegoziazione, getta un velo fra te e le tue aspirazioni profonde, ti fa credere che quello che hai non è poi così male, che anche se non è il massimo almeno lo conosci, e il noto sembra più rassicurante, più facile da gestire dell'ignoto...»

«E l'altro tipo?»

«Sono le decisioni guidate dalla gioia.»

«Perché, la gioia può essere una guida?»

Benjamin sorride della sua espressione scettica. «Ovviamente sì!»

«E come si riconosce questo genere di decisione?»

«Quando la prendi ti scalda il cuore. Non hai più alcun timore. È come se il sole sorgesse dentro di te. Sai che è la scelta giusta nel profondo del tuo animo. Fare le cose con piacere, imboccare la via che risveglia in te la gioia, dedicarti a progetti che ti mettono le ali ai piedi... Quando c'è la motivazione, gli ostacoli cadono da soli!»

Joy aggrotta le sopracciglia. «Non capisco. Come potrei provare gioia se mi ritrovo senza un lavoro e nella più totale incertezza per quanto riguarda il futuro?»

«La gioia può benissimo convivere con l'incertezza quando sai di aver preso la strada giusta per te e decidi di stare meglio, di andare nella direzione che volevi.»

«E tu? Come hai fatto a trovarla, questa direzione?»

«Mi sono preso il tempo necessario. E la libertà, anche...»

«Che cosa devo fare, Benjamin? Mi sento così smarrita...»

Lui non resiste alla tentazione di abbracciarla e le sussurra dolcemente all'orecchio: «Va' a rilassarti per qualche giorno dai tuoi genitori! Passeggia in riva al mare. Respira, dormi quanto serve, trattati bene, goditi i tuoi cari. Sono sicuro che le idee verranno.»

Lei sprofonda il naso nel suo collo, come un grazioso colibrì. «Ho paura...»

Benjamin la accarezza con delicatezza. «Non averne. Andrà tutto bene.»

Cerca di convincere anche sé stesso. Joy partirà. Prenderà le distanze dalla situazione. Valuterà i pro e i contro. Da quale lato penderà la bilancia? Dal suo o da quello di Ugo? Non vuole pensarci. Al momento desidera solo godersi ancora per qualche istante la sensazione di quel corpo caldo e morbido stretto contro il suo.

43.

Spalanco le imposte, e l'aria fresca e corroborante che entra nella stanza mi arriva dritta sul viso. Da qui sento il rumore delle onde: inspiro a pieni polmoni l'odore del mare, che ha su di me un effetto rasserenante. Sono passate tre settimane da quando sono venuta a stare dai miei genitori. Ho ritrovato la mia stanza, in cui ci sono ancora le ultime vestigia della mia adolescenza: qualche poster dei miei cantanti preferiti alle pareti, una collezione di boccette di profumo in miniatura e, nascosta dietro una pila di vestiti, la scatola di alluminio che contiene i miei ricordi più preziosi... Frugando, mi è capitata fra le mani la lettera di quel ragazzo che si era innamorato di me al liceo e che io avevo respinto. Allora il suo amore mi faceva paura, avevo l'impressione che potesse sommergermi. Non mi è mai più capitato di incontrare qualcuno che mi amasse con tanta intensità, che provasse per me sentimenti tanto puri. Avevo preferito intestardirmi su un tizio che non mi degnava di uno sguardo: ero pazza di lui, va' a sapere perché. Forse perché studiava recitazione all'accademia? O perché aveva uno sguardo che ti faceva sciogliere e capelli lunghi e scurissimi in cui avresti voluto affondare le mani? Col senno di poi, mi dico che all'epoca dell'amore non capivo proprio niente. Probabilmente mi sono lasciata sfuggire una storia meravigliosa, accecata com'ero dalle mie fantasticherie romantiche. E ora? Sarei in grado di distinguere tra un amore vero e uno immaginario?

Tre giorni dopo il mio arrivo ho ricevuto un regalo meraviglioso: venticinque rose di un rosa intenso, un colore che sembrava fatto apposta per creare un elegante contrasto con il nero della scatola. Un dono originale scelto dalla collezione Le Jardin Infini Medium Square. Davvero chic! Il bigliettino che lo accompagnava era firmato da Ugo: *Torna presto. Ci manchi. Mi manchi.*

Non c'è che dire, nell'arte della seduzione è un maestro. Di primo acchito, quel segno d'affetto mi ha fatto fare un salto di gioia. Ma non era forse vero che giocando quella carta Ugo cercava solo di confondere le acque? Di distrarmi, in modo da distogliermi dalla riflessione che mi avrebbe permesso di decidere se proseguire una relazione senza futuro?

I gesti di Benjamin sono stati più sobri. Brevi messaggi, sempre con una battuta divertente, un gioco di parole o una metafora da decifrare. Nulla che alludesse ai suoi sentimenti nei miei confronti, solo quel che bastava a farmi sapere che pensava a me. Il suo riserbo ha sortito l'effetto di tenermi in allerta, di suscitare in me qualche dubbio, che ha rinfocolato il desiderio. In effetti, trovo irritante non sapere quanto Benjamin mi desideri. È sempre la mia smania di voler quantificare tutto! Sento il bisogno di essere rassicurata, ma stavolta non è possibile.

Ho continuato a ricevere regali da Ugo: un cofanetto della pasticceria Fauchon (un cuore con dentro cioccolatini, gelatine e mandorle ricoperte di cacao); un braccialetto Pandora con un ciondolo scintillante a forma di stella marina, accompagnato da un bigliettino: *Non rinnamorarti dell'oceano! Ti aspettiamo a Parigi!*

Tutte quelle attenzioni da un lato mi hanno fatta sentire al settimo cielo, dall'altro mi hanno sbattuto di nuovo in faccia gli stessi crudeli dilemmi. Forse Ugo si rendeva finalmente conto dell'importanza di dimostrarmi il suo affetto perché temeva che avrei rotto con lui? Era ora!

Ero sempre più combattuta. Con il passare dei giorni non ho più ricevuto regali. Solo messaggi. All'inizio erano adorabili, poi si sono fatti un po' più pressanti e meno belli. Il lupo perde il pelo ma non il vizio! Ugo voleva sapere quando sarei tornata in agenzia. C'era bisogno di me, scriveva. Erano tutti sommersi di lavoro. Avevo fatto le mie valutazioni? Quando sarei stata in grado di dargli una risposta?

I colleghi mi hanno mandato delle mail. VIP', scusandosi a malapena del fatto che mi disturbava in vacanza, voleva ringraziarmi in anticipo per delle telefonate *urgenti* che avrei fatto ad alcuni clienti. Taser, senza troppi preamboli, chiedeva il mio parere su una location che aveva intenzione di affittare per un evento. Cataretta mi ha scritto quattro volte per sollecitare una risposta riguardo alla voce di un budget in corso di valutazione. Ho sentito di nuovo lo stress impossessarsi del mio corpo. Il corpo è un buon compagno di viaggio ma ha la memoria lunga, e il mio ricordava benissimo che cosa gli aveva fatto subire il ritmo imposto dall'Ottava Sfera. Ho ricominciato a sentire quel peso così familiare sul petto.

È ancora lì, stamattina, mentre cammino sulla spiaggia.

Siamo soltanto io, il vento, i gabbiani, il cielo dalle mille sfumature e la sabbia. Nella mia mente i pensieri si frangono come le onde contro gli scogli: alti cavalloni dalla cresta appuntita, un mare in burrasca in cui mi dibatto per restare a galla e vederci chiaro. Mi fermo a raccogliere qualche legno per mio padre. Sono contenta perché ho trovato delle cortecce tinte da un fungo e so che ne farà buon uso. Papà è sempre in cerca di legni di colori particolari da utilizzare per i suoi intarsi. Crea oggetti bellissimi – quadri, scatole, ninnoli vari – che poi vende nel suo negozietto di souvenir.

Entro nella bottega senza far rumore e lo assalgo alle spalle, come facevo quand'ero bambina. Lui lancia un grido di sorpresa e si gira, fingendo di essere arrabbiato. Poi mi solleva da terra e mi dà un sacco di baci sul collo, fino a farmi ridere dal solletico.

«Basta papà!» dico quando riesco a riprendere fiato. «Non ho più cinque anni!»

«Ah, ah! Te la sei cercata!» Mi rimette giù e mi regala il suo più bel sorriso, che scalderebbe anche un cuore gelato.

«Allora, mio piccolo popcorn? Hai dormito bene?»

Mi scruta.

«Non ti ho mai chiesto niente da quando sei arrivata, ma sento che c'è qualcosa che non va. Hai delle preoccupazioni? Non sei felice a Parigi? Puoi parlare con me, sai?»

«Non voglio stufarti con le mie storie. Non sono molto interessanti!»

Lui scoppia a ridere. «Non ti preoccupare! Se mi stufo, te lo dico.»

Davanti a un caffè forte e ai biscotti di pastafrolla che amo tanto, inizio a raccontargli a grandi linee del lavoro all'Ottava Sfera, senza menzionare né Ugo né Benjamin.

«Mmh. Che vita assurda! Adesso capisco perché sei così sbattuta. Ma se lo hai scelto, vuol dire che ti piace quel mondo, no?»

«Ah, sì! All'inizio ero davvero eccitata di avere l'occasione di incontrare delle persone importanti, di gestire progetti entusiasmanti, di vivere sempre a cento all'ora.»

«E adesso?»

«Non lo so, papà... In certi momenti tanta superficialità mi toglie il respiro. Tutti giudicano solo in base alle apparenze. Ho l'impressione di essermi un po' persa... Mi piacerebbe essere più me stessa, ma credo che la versione di me che tu conosci non sarebbe ben accolta in quell'ambiente...»

«Vuoi dire che quella gente non apprezzerebbe il mio piccolo popcorn gioioso, spontaneo, pieno di idee e di energia? Be', devono essere pazzi, allora!»

«Mi sa che lo sono un po' tutti nel settore del lusso.»

Mio padre addenta un biscotto e sembra riflettere. «Sto cercando un esempio... Ah, ecco! Dimmi un po', Joy, quando un vestito non ti piace più, cosa ne fai?»

Mi stringo nelle spalle. «Me ne sbarazzo!»

«Esatto!»

«Ma non è così facile!»

«E invece sì», dice lui con un sorriso disarmante. «Non dovresti lasciarti avvelenare l'esistenza. Lo capisci anche tu che ti stai facendo un sacco di problemi. Segui il tuo istinto e, soprattutto, sostituisci la paura con la fiducia. Vedrai, sono sicuro che andrà molto meglio.»

Lo abbraccio forte, lo ringrazio per la chiacchierata e salgo in camera a riposare. Mi perdo nei miei pensieri mentre fisso i motivi ipnotici della carta da parati. Vengo interrotta dal suono di una notifica sul cellulare. È un nuovo messaggio da parte di VIP'. Contiene un allegato: lo screenshot di una lista di persone con relative foto e brevi descrizioni.

Spicciati a tornare, Joy. Chi non c'è non può difendersi!
Con amicizia.

Il mio cervello fa il collegamento e vado in tilt. I Badass stanno valutando i profili di potenziali candidati per rimpiazzarmi.

44.

Non mi piaceva l'idea di affrontare questa conversazione delicata e potenzialmente accesa in ufficio o in un bar. Così, una volta rientrata a Parigi, ho dovuto decidermi a invitare Ugo da me. Il mio unico timore è che consideri questo appuntamento come un gesto di riconciliazione, mentre in realtà è proprio il contrario. Sono furiosa da quando la mia nuova «amica» VIP' – tra parentesi, con amiche come lei chi ha bisogno di nemici? – ha avuto la gentilezza di informarmi di quello che si stava tramando alle mie spalle mentre ero via.

Guardo l'orologio ogni cinque minuti: tra un quarto d'ora Ugo sarà qui. Non mi sento bene. Sapere che è pronto a rimpiazzarmi sia come amante sia come dipendente mi ferisce nel profondo. Come ho fatto a essere così stupida da pensare che le cose potessero andare in altro modo?

Alla fine il campanello suona. Apro la porta con le mani umide di sudore. Lui sfodera un gran sorriso e allarga le braccia. Schivo quell'effusione e il suo sorriso si smorza un po'. Entra come se fosse a casa sua, lancia il cappotto con nonchalance sul divano e cerca di ignorare il palpabile disagio.

«Bene, bene, bene... Allora, queste vacanze? Tre settimane! In pieno inverno! Ti hanno invidiata tutti in ufficio, Joy! Era ora che tornassi.»

Mi sono ripromessa di mantenere una calma olimpica. «Le mie "vacanze" sono andate alla grande! Anzi, direi che mi hanno fatto bene più di quanto avevo previsto.»

«Ah, sì? Racconta!»

Verso da bere a entrambi, così ho la scusa per concentrarmi su qualcosa che non sia il suo sguardo fisso su di me.

«Ho preso un po' le distanze. Osservare le cose da lontano mi ha aperto gli occhi.»

«E cos'hai visto, mia cara?»

Ci prova, ma il suo fascinoso sorriso smagliante non attacca. Più lo guardo, più sento crescere in me la determinazione a portare fino in fondo la decisione che ho preso.

«Quello che ho visto, Ugo, è il fatto che le cose non cambieranno mai.»

«Quali cose? Non capisco.»

È bravissimo a fare il finto tonto. Avrei dovuto aspettarmelo. Sospiro esasperata, alzando le braccia. «Tutto! Insomma, non cambierà mai niente! Né tu né il nostro rapporto né il modo di lavorare in agenzia! A proposito, già che parliamo dell'agenzia, puoi spiegarmi *questo*?»

Gli metto sotto il naso l'annuncio di lavoro per un posto da coordinatore. L'ombra di imbarazzo sul suo viso dura solo una frazione di secondo. Non smentisce, però, e quella sua calma è un ulteriore oltraggio alla mia dignità offesa.

«È ovvio, Joy, che abbiamo cominciato a cercare qualcuno che possa prendere il tuo posto! Come capo di un'azienda devo essere preparato a tutte le evenienze. Non devi prenderla sul personale. Immagina cosa succederebbe se tu ora mi dicessi che non torni. Che dopo tutto quel che è successo non vuoi più lavorare all'Ottava Sfera. Cosa farei io?»

«Smettila! In realtà mi hai già sostituita!»

«No, per niente. Ti sbagli. Non c'è nulla di impulsivo in questa ricerca "preventiva". È solo una precauzione, per non trovarmi nella merda qualora tu decidessi di dare le dimissioni. È una specie di rete di sicurezza.»

È un'argomentazione molto solida. Non so più cosa dire. Sta vincendo lui ancora una volta.

Fa un passo avanti per venire ad abbracciarmi. Mi bacia il collo con passione e mi accarezza il seno.

«Su, Joy! Smettila di fare la scontrosa! Rilassati un po'. Lo vedi, siamo di nuovo insieme, no?»

Amo le sue carezze, i suoi baci. Ma le trappole più insidiose spesso sono le più piacevoli. Se capitolo, non avrò più la forza di tenere fede alla mia risoluzione. "Di' di no adesso..." mi ripeto. "Adesso..."

«Ugo, basta. Devo parlarti.»

Lo sto respingendo in un momento di piacere e so che lui lo detesta.

«Cosa c'è ancora?»

«Non posso continuare...»

Mi chiede di chiarire il mio pensiero. Ora ha assunto la freddezza impassibile di una statua. Gli spiego coraggiosamente che non voglio continuare la nostra relazione, che mi fa soffrire stare con qualcuno che non sarà mai davvero disponibile per me, che ho bisogno di altro.

«E quindi...»

Quell'«e quindi...» è tutto ciò che ha da dire. Sta solo aspettando la conclusione, come se io gli stessi presentando la mia relazione annuale.

«E quindi penso che in queste condizioni sarà difficile lavorare insieme all'Ottava Sfera. Ho riflettuto molto, ed è ovvio che la situazione, sia con te sia con i colleghi, è troppo complicata. Ho paura di ricadere nelle stesse dinamiche del passato, e non è quello che voglio... Io voglio andare avanti!»

«Eccoci al punto. E allora lo vedi che ho fatto bene a cercare qualcuno che ti sostituisca?» ribatte con cinismo.

Che momento orribile! Il cuore sta per esplodermi nella gabbia toracica e sento le mie mani tremare contro le cosce.

«Mi dispiace, Ugo.»

«Ah, questo no! Non funziona. Sei tu che hai deciso di abbandonare la barca. Non ti aspetterai mica che io metta a tacere il tuo senso di colpa!»

Prende il cappotto con un gesto secco e si gira verso di me un'ultima volta per rivolgermi un'occhiata gelida, priva di emozioni.

«Passi dall'agenzia per firmare le dimissioni? Prima lo fai e meglio è. Sai come vanno queste cose. Le scadenze sono sempre strettissime, non abbiamo tempo da perdere.»

Lo guardo costernata e penso ai due anni che ho perso io con lui.

«Ciao bella!» mi saluta uscendo, per rimanere fino all'ultimo nel personaggio.

Aspetto qualche minuto per accertarmi che si sia allontanato, poi mi autorizzo a lasciarmi andare.

Mi butto sul divano e mi sciolgo in lacrime.

45.

È da diversi giorni che Benjamin non ha più notizie di Joy. L'ultimo messaggio che ha ricevuto da lei lo ha intrigato. "Vuole fare la misteriosa!" si è detto, divertito suo malgrado.

Il ritorno del popcorn è un fatto.
Il dado ormai è tratto.
Mi lancio nell'ignoto, nel mistero,
non troppo lontano da te, spero...

Ha pensato e ripensato alle sue parole, cercando di decifrarle. Il popcorn... Joy gli ha raccontato di suo padre, della loro complicità e dell'origine di quel soprannome affettuoso che lui le aveva dato da piccola. Era una storia molto carina. Ma cosa voleva dire per lei «il ritorno del popcorn»? Era un'espressione piuttosto enigmatica. Dal tono del messaggio si capiva che era contenta delle sue scelte. Già, ma quali scelte? Benjamin si lambiccava il cervello nel tentativo di indovinare. Con «ritorno» alludeva a una sorta di rivalsa? Forse sì, tuttavia le rivalse possono assumere molte forme! Magari Joy, sull'onda delle sue recenti prodezze, aveva preso la decisione di tornare a lavorare all'Ottava Sfera. Era possibile che Ugo, nello sforzo di riconquistarla, le avesse offerto una promozione. Quando era a casa dei suoi genitori, in riva all'Atlantico, Joy aveva confidato a Benjamin via messaggio di aver ricevuto dei regali inattesi da Ugo. Lui si era sforzato di non dare troppo peso alla cosa, ciò nonostante aveva provato una punta di gelosia. Era risentito. E, lo sapeva benissimo, questo voleva dire che si era lasciato coinvolgere. Si era innamorato di Joy senza nemmeno accorgersene. Conosceva bene gli effetti collaterali: palpitazioni, risvegli notturni, fantasticherie diurne, comportamenti irrazionali... Esattamente tutto ciò che voleva evitare. Ma, come gli ha ricordato il suo amico Rayane il giorno prima, *non si sceglie.* Capita e basta.

Benjamin si affretta, è in ritardo per andare al lavoro dopo un'altra notte di sonno agitato. Guarda il cellulare, ma, ahimè, nessun messaggio. Rimugina. "L'ignoto? Quale ignoto?" Joy sembra parlare di un nuovo inizio. "E io? Avrà previsto anche me ai blocchi di partenza?" Arrivato nel quartiere del suo ufficio, deve fare un paio di manovre per parcheggiare la minuscola automobile a noleggio. Eppure la piazzola è gigante. Si strofina gli occhi nel vano tentativo di scacciare la stanchezza. Si ferma in un bar a prendere un caffè macchiato da asporto. Stamattina non ha nessuna voglia di prepararselo da solo. Continua a pensare al messaggio di Joy. "Non troppo lontano da te, spero..." Significa che lei si augura che non si perderanno di vista? Non è il genere di frase che si dice a un amico? Il caffè macchiato di colpo gli sembra amaro come la bile. "Smettila di farti del male!" si intima mentre apre il cancello del cortile. Di pessimo umore, nota a malapena la portinaia che, con il mento appoggiato alla scopa, lo fissa divertita. "Ma cos'ha da guardare? Vuole una foto?" Fa tre passi e pesta qualcosa che gli si incolla sotto la scarpa. "Che roba è?"

Irritato, alza il piede per controllare. Basta che non sia uno schifosissimo chewing gum! Stacca dalla suola un grumo biancastro spiaccicato e lo butta nel cassonetto condominiale. Riprende a camminare, ma pesta di nuovo qualcosa. È una strana sostanza bianca. Di bene in meglio! Osserva con più attenzione il vialetto lastricato e nota una cosa bizzarra: piccole palline bianche, come briciole di pane, disegnano una striscia sul selciato. Le possibilità sono due: o un pazzo si è messo in testa di fare come Pollicino, oppure qualche stordito non si è accorto che il suo sacchetto della spesa era bucato. Propende per la seconda ipotesi. Si volta e constata che la portinaia non si è ancora mossa e lo scruta con lo stesso sorriso irritante sulle labbra. Benjamin non capisce perché non si metta piuttosto a raccogliere quelle schifezze per terra. Prosegue, prestando attenzione a girare al largo dalle palline. Malgrado tutto, non può fare a meno di notare dove va a finire la striscia. "All'atelier? Che strano!" Si chiede se la sua mente gli stia giocando un brutto tiro a causa della mancanza di sonno. Incuriosito, si china a raccogliere una pallina e si rende conto che in realtà si tratta di un piccolo popcorn! Il suo cuore accelera i battiti. Infila la chiave nella toppa ed entra in ufficio, guardandosi attorno inquieto.

«Ah, ciao, Benjamin. Tutto bene?»

Carmen gli sorride dal tavolo nell'angolo adibito a cucina. È comodamente seduta con Rayane a fare colazione. Benjamin vede una lunga striscia di popcorn sul pavimento.

«Ma cos'è questa roba?» esclama in tono spazientito.

I due amici fanno spallucce con aria innocente, come se non sapessero nulla, mentre a stento nascondono un'espressione divertita.

«Mi prendete in giro? Allora, cos'è?»

Rayane decide di stuzzicarlo un po'. «Ehi, non sembri tanto sul pezzo stamattina! Sarà una pista da seguire, no?»

Lui e Carmen scoppiano a ridere. Benjamin si sente sempre più agitato. Naturalmente immagina chi possa esserci dietro tutto questo, ma vuole vederci chiaro. Segue i popcorn, che lo conducono all'armadio nella stanza accanto. Incredulo, apre le ante di colpo e... niente. Trova solo un Post-it rosa incollato su una mensola.

Davvero hai pensato che potessi essermi nascosta qui? Cerca ancora!

Benjamin ha un sorriso che va da un orecchio all'altro. Guarda giù: in effetti i popcorn arrivano fino alla finestra. Non dovrà mica...? Ebbene sì. Scavalca il davanzale – per fortuna l'atelier è al pianterreno – e si trova di nuovo in cortile. La portinaia è ancora lì. Benjamin capisce che dev'essere una complice. Segue la striscia passo dopo passo, fino al secondo cortile del palazzo. Lì, ai piedi di un albero, c'è un gigantesco cuore disegnato con i popcorn. E un altro Post-it rosa incollato sul tronco.

Ecco una parte di quello che ti volevo dire... Per conoscere il resto, continua a seguire i popcorn.

Benjamin non ha mai provato una sensazione simile. Avverte un formicolio di gioia dappertutto: nella testa, nel corpo. La pista lo conduce dentro il palazzo e poi al pianerottolo del primo piano. Osserva perplesso il cartello sulla porta: AFFITTASI. Sobbalza udendo una voce alle sue spalle. Quando si gira, si trova davanti Joy. È in piedi, con il sorriso sulle labbra, e tiene tra le mani un enorme bicchiere di cartone a righe bianche e rosse pieno di popcorn. Ne prende una manciata e con aria maliziosa se la mette in bocca. Quindi va da Benjamin, pesca tre popcorn e glieli avvicina alle labbra, che lui richiude sulle sue belle dita. Joy prosegue la sua messinscena.

«Buongiorno.»

«Buongiorno.»

«Lei abita in questo palazzo?»

Senza alcuna esitazione, Benjamin decide di stare al gioco. «Certo.»

«Piacere, io sono Joy.»

«Benjamin, il piacere è mio.»

«Non ha nulla contro i popcorn, spero.»

«Al contrario, mi piacciono molto.»

«Ah, meglio così, perché uno diventerà un suo vicino...»

«Un popcorn?»

«Sì.»

«Ah... Lei lo conosce?»

«Sì, piuttosto bene...»

«Ed è un bravo popcorn?»

«Questo lo giudicherà da sé.»

«Ci può presentare?»

«Se vuole.»

«Scusi la curiosità, ma come mai il suo amico popcorn si è trasferito qui?»

«Per lavoro. Ha preso in affitto questo spazio per mettersi in proprio.»

«Oh, capisco! E il lavoro è l'unica ragione?»

«Senza dubbio!»

«Ma non mi dica!» esclama Benjamin, avvicinandosi ancora di più a Joy.

«Spero che non le dispiaccia.»

«Dipende. Conta di pagare l'affitto in popcorn?»

«È la moneta corrente qui?»

«È l'unica che accettiamo...» risponde Benjamin. La bacia e sente svanire tutti i suoi pensieri.

Il film che scorre nella sua testa finisce. Partono i titoli di coda. È completamente pervaso dalla dolcezza del popcorn. Pensa di non essersi mai avvicinato così tanto alla vera essenza della gioia.

Questa fiamma, questo ardore che rinvigoriscono il cuore e riscaldano l'anima, che si propagano in onde benefiche. La gioia, l'anticamera della felicità, la crisalide in una metamorfosi che culmina con la nascita del vero sé.

La gioia che non costa nulla ma dà molto.

La gioia che non fa nessun calcolo eppure moltiplica le sensazioni di benessere.

La gioia che è come una fonte dell'eterna giovinezza, perché non è mai molto lontana dall'infanzia e dalla sua innocenza.

Nell'arte della spontaneità nulla si impara. E se la vita è una danza di cui si suppone che si debbano conoscere i passi, il suo trionfo sta nell'improvvisazione gioiosa nella quale si esprimono l'intuizione, la creatività e la libertà. Gli unici limiti sono quelli che ci imponiamo. Bisogna disapplicarsi per essere coinvolti in un altro modo, a un livello più alto, mettere il cuore ai comandi, con serietà pur senza prendersi troppo sul serio, concentrandosi coscienziosamente su ciò che è essenziale per noi, senza esitare a far ricorso a un pizzico di ragionevole follia!

La gioia, piccola fiamma fragile, esposta nella sua lampada a olio a venti contrari... Proteggiamola dai cupi tormenti, impediamo che si spenga! È di lei che abbiamo bisogno per sfuggire alla paura. Produciamo la nostra gioia come se fosse miele. La gioia profonda non ha nulla di effimero. Irradia dall'intimo una luce pura e ci insegna che la vita non finisce mai di sorprenderci se ci lasciamo trasportare da slanci di meraviglia, eterni creatori di un nuovo incanto.

Chi semina gioia raccoglie tenerezza.
Svolazzano petali come una carezza,
in una primavera di prime volte...

RINGRAZIAMENTI

Grazie ai miei cari, che sono per me fonte di gioia. Infilo dei «ti voglio bene» e dei baci nelle loro tasche affinché ne siano sempre piene.

Grazie alla mia editor, Céline Thoulouze, e a tutta la squadra di Plon, per essere al mio fianco con calore ed entusiasmo. Ormai sono diventata il loro «piccolo popcorn».

Grazie ai miei fedeli lettori, che mi regalano la gioia di scrivere e la felicità di essere letta.

Finito di stampare nel mese di febbraio 2024
presso ELCOGRAF S.p.A. Stabilimento di Cles (TN)

PEFC
PEFC/18-32-03
Certificato PEFC
Questo prodotto è realizzato con materia prima da foreste gestite in maniera sostenibile e da fonti controllate
www.pefc.it